PFOTEN
IM SCHNEE

MIT LOTTI MEIER
MIT ANDREA MICUS

PFOTEN IM SCHNEE

Mein tierisch gutes Leben
in Lappland

BOOKS

Inhalt

*Ein Husky ist das einzige Lebewesen auf der Welt,
das dich mehr liebt als sich selbst ...*

*Für meine treuen Tiere und die Menschen,
die immer an mich geglaubt haben.*

Alltag adieu
und spontan Richtung Nordlicht

Stille! Danach sehne ich mich.

Ich habe nur einen Wunsch: nichts zu hören! Kein Telefon, kein »Lotti, hast du kurz Zeit?«, keine auf dem Parkett klappernden Absätze und auch keine ratternden Nähmaschinen.

»Ping!«

Gerade trudelt wieder ein Fax von einem Kunden herein und gesellt sich auf den Stapel zu den ganzen anderen. Was das heißt, ist klar: Überstunden. Wir haben gerade Hochsaison, und ich tanze auf vielen Hochzeiten, wie man so schön sagt. Das Marketing für die aktuelle Kollektion läuft gerade auf Hochtouren, zeitgleich beginnt die Produktion der nächsten Wäschekollektion – und wir präsentieren dem schon gespannten Fachpublikum bereits die übernächste. Gestern war ich deshalb in Florenz, nächste Woche geht's nach New York.

Ich bin in der Leitung eines international führenden Schweizer Wäscheherstellers tätig und zuständig für den Bereich Herrenunterwäsche. Mein Büro im Großraum Basel hat alles, was man sich wünschen kann: Es ist luftig, schick und sehr repräsentativ, ganz in weißem Lack eingerichtet. Hier verbringe ich den Großteil meines Lebens.

In meiner Position gibt es zwar Kernarbeitszeiten, aber Überstunden sind die Regel. Ich gehe erst, wenn ich restlos müde bin, und selten ist das vor 19 Uhr der Fall. Dann fahre ich hinaus zu einem kleinen Bauerndorf im Baseler Umland.

Hier wohne ich in einer luxuriösen Neubauwohnung mit großer Terrasse und Blick in den Wald.

Oft fahre ich später noch mal in die Stadt, gehe mit Freunden essen und bummele anschließend durch die Bars. Ich bin sehr gesellig und genieße es, in fröhlicher Runde abzuschalten.

Das heißt: Ich habe es sehr genossen. In den letzten Monaten ist mir der ganze Trubel zu viel geworden, und ich bleibe deshalb immer häufiger abends zu Hause auf meinem Sofa, allein. Meistens lese ich noch in Fachzeitschriften, bis mir die Augen zufallen, was in der Regel ganz schnell geht. Eine Freundin zieht mich schon immer auf. »Du bist knapp vierzig. Das Alter merkt man, meine Liebe!« Ich erinnere sie dann gern daran, dass wir gleichaltrig seien und sie schon viel länger ihre Abende auf dem Sofa verbringe. Touché ... Für mich hat das allerdings mehr mit Stress zu tun.

Ich sehe auf meine schwarze Armbanduhr, ein witziges Designerstück, mit dem ich mich in London für drei durchgearbeitete Nächte belohnt habe, und schrecke auf. Nur noch ein paar Minuten bis zu meinem nächsten Termin! Wir starten bald eine neue Anzeigenkampagne, und der Leiter des Kreativbüros braucht mich. Vermutlich sitzt er schon im Konferenzzimmer und wartet.

Ich schließe kurz die Augen, atme tief und bewusst ein und aus. Das gibt mir Kraft. Gedankenverloren sehe ich dann nach draußen in den kleinen Stadtpark, der direkt an unser Bürogebäude grenzt.

Die Herbstsonne scheint heute golden. Eine junge Frau geht mit einer wunderschön gezeichneten Dogge ganz entspannt durch das bunte Herbstlaub. Ein schönes Bild!

Ich liebe Hunde und hätte wirklich zu gern einen eigenen. Am liebsten einen aus dem Tierheim. Eine arme Kreatur, die niemand will, und der ich mich widmen kann.

Aber in meinem Job ist das Unsinn. Ich kann einem Hund kein sicheres und geborgenes Zuhause bieten. Im Moment zumindest nicht.

Zum Glück habe ich wenigstens zwei Katzen, die zu Hause auf mich warten. Zora und Charly, zwei gestreifte Durchschnittstiger, mit denen ich am Abend immer ausgiebig kuschle.

Doch irgendwann einmal, wenn der Job nicht mehr die erste Geige in meinem Alltag spielt, kommt mir sofort ein Hund ins Haus ...

Die Frau draußen wirft jetzt einen Ball, und die Dogge, der kräftigen Statur nach scheint es ein Rüde zu sein, sprintet übermütig los und schnappt sich den Ball hoch in der Luft.

Das schafft Benny nie, schmunzle ich. Benny ist ein Schäferhund-Mix und ein »Sharing Dog«, wie mein Bekannter Ralf immer sagt.

Ralf ist ein Kollege aus der Personalabteilung. Er spielt in seiner Freizeit viel Fußball und hat dann keine Zeit für Benny. Da freut er sich immer, dass ich ihn zu mir hole und mit ihm durch die Natur laufe. Im Sommer haben wir mit unseren zusammen sechs Beinen sämtliche Parkanlagen der Umgebung erobert.

Vielleicht kann ich dieses Wochenende ja auch ausgiebig mit Benny wandern. Das würde mir guttun.

Als ich den Terminkalender öffne, werde ich sogleich auf den Boden der alles andere als freizeitfreundlichen Tatsachen zurückgeholt. Wanderung ade! Ein Kunde kommt aus England, und ich muss noch Papiere vorbereiten. Ich werde mich wohl gleich am besten hier im Büro einnisten und einfach durchmachen.

Der Hund draußen hüpft vergnügt um sein Frauchen herum. Sie hält wieder den Stock hoch, und er versucht nun, danach zu schnappen. Der Wind pustet die Blätter über den Weg, und ich kann die frische, feuchte Luft, den Geruch von Erde und Moos, von Astern und Pilzen, von Vergänglichkeit und Ende förmlich riechen.

»Lotti, dein Besuch ist da und wartet im Besprechungsraum. Möchtest du einen Kaffee?«

Beatrice, unser Mädchen für alles, steht in der Tür. Ich nicke. »Gern, schön stark, ohne Milch. Ich bin in zwei Minuten drüben.«

Beim Hinausgehen werfe ich noch schnell einen kritischen Blick in den Spiegel und bin zufrieden. Mein langes blondes Haar ist im Nacken locker zum Zopf gebunden, das Make-up dezent, mein orangefarbener Lippenstift perfekt gezeichnet. Ich bin zufrieden. Ach ja, mein lilafarbener Hosenanzug sitzt wie maßgeschneidert, was er übrigens auch ist. Ich lege Wert auf sehr gute Schnitte. Heute trage ich dazu rote Pumps. Gewagt, stimmt, aber ich mag »gewagt«.

Jürg, der Kreativdirektor, erwartet mich mit einer dicken Mappe und ist bestens vorbereitet. Ich habe Glück. Unser Meeting ist schnell erfolgreich, und ich kann an diesem Abend endlich mal wieder pünktlich Schluss machen. Das passt gut, denn ich habe noch etwas vor.

»Wohin soll die Reise gehen?« Die Mitarbeiterin des Reisebüros sieht mich strahlend an. Ich strahle zurück und zucke mit den Schultern. »Keine Ahnung«, sage ich wahrheitsgemäß.

Es ist kurz vor sechs. Das Büro hat nicht mehr lange geöffnet, aber ich möchte jetzt sofort Nägel mit Köpfen machen. Ich brauche eine Auszeit, das ist mir heute im Büro klar geworden. Doch wie und wo ich die verbringen will, das weiß ich nicht.

»Ich mag keine Hitze«, plappere ich drauflos und erzähle, wie mein Urlaubsleben in den vergangenen Jahren ausgesehen hat. Ich probierte den typischen Strandurlaub schon mehrfach aus, war in Italien, Spanien, Griechenland und bin jedes Mal unzufrieden zurückgekommen. Im Sand dösen und am Wasser auf- und ablaufen ist nichts für mich. Der abendliche Small Talk an der Hotelbar reizt mich ebenfalls nicht. Deshalb habe ich anschließend Abenteuerreisen versucht, die Malediven und die Philippinen bereist, bin aber dabei weder ausgefüllt noch glücklich gewesen. Mittlerweile weiß ich, dass ich nicht gut mit den hohen Temperaturen zurechtkomme, mich schlapp und erschöpft fühle und dann keine Kraft habe, wirklich etwas zu unternehmen. Was dann bleibt, ist der faule Rückzug in den Schatten, und den kann ich vielleicht zwei Tage, aber auf keinen Fall länger ertragen.

Die freundliche Dame hinter dem Schreibtisch hört mir aufmerksam zu.

»Soso«, murmelt sie und greift dann gezielt nach hinten in ihr Regal. »Dann habe ich etwas für Sie!«

Sie legt mir einen farbenfrohen Prospekt mit Hochglanzfotos hin.

»Fahren Sie doch einmal dorthin, wo Sie keine Probleme mit der Hitze haben. Nach Finnland! Hier, sehen Sie mal. Schnee ist ja dann genau das Richtige. Was halten Sie von einer Hundeschlittentour?«

Ich horche auf. Finnland klingt nach Kälte. Prima. Hunde? Liebe ich sehr. Schnee? Mag ich ebenfalls.

»Warum nicht. Das klingt verlockend«, antworte ich.

Ich sehe auf die Uhr. Seit gerade mal zehn Minuten sitze ich an dem hellen Holzschreibtisch zwischen einem Globus und Stapeln mit dicken Reiseprospekten und weiß nun schon, was mich erwartet.

Es geht nach Finnland, genauer nach Rovaniemi, dem Tor zur Arktis. Die Stadt, in der auch der Weihnachtsmann wohnt, wie ich jetzt überraschenderweise erfahre.

»Acht Kilometer nördlich des Städtchens verläuft der Polarkreis«, erfahre ich jetzt von meiner sachkundigen Beraterin, und sie blättert für mich die Seiten des Prospekts durch, um mir neben malerischen Schneelandschaften auch herzige Huskys zu zeigen.

»Sind die süß«, schwärme ich begeistert. »Hier, der mit den blauen Augen, zu niedlich, wie der im Schnee tollt. Und dieser hier, der guckt so neckisch. Meine Güte, sind die knuffig.«

Als große Hundefreundin kann ich mich gar nicht sattsehen an diesen herrlichen Aufnahmen.

»Ich bin dabei«, sage ich schließlich und buche direkt eine Woche auf einer finnischen Hundeschlittenfarm.

»Sie werden das nicht bereuen. Unsere Kunden kommen jedes Mal völlig begeistert zurück«, bestätigt mich die sympathische Reisebürokauffrau in meiner Entscheidung, als sie mir den Vertrag zur Unterschrift vorlegt. Ich zögere auch jetzt nicht, obwohl der Preis meiner Spontanreise ziemlich happig ist: 4.000 Franken kostet mich das Vergnügen, bei bis zu minus 30 Grad Celsius auf einem Hundeschlitten durch die verschneite Polarlandschaft zu gleiten.

»Warum ausgerechnet Lappland?«, will am Abend meine Freundin Ursula wissen, als ich ihr am Telefon begeistert von meinen ungewöhnlichen Reiseplänen erzähle. »Ich hätte mir zwei Wochen Nichtstun in einem schönen Resort irgendwo auf der Welt besser für dich vorstellen können.«

Ich zögere nicht nur bei der Antwort, ich muss sie ihr sogar ganz schuldig bleiben. »Ich weiß kein ›Warum‹«, sage ich nachdenklich. »Ich habe einfach gespürt, dass es passt ...« Und füge schnell noch hinzu: »Es ist vielleicht Schicksal.«

Ursula wird jetzt wohl milde lächeln. Das macht sie immer, wenn sie mich nicht versteht. In Ursulas Augen bin ich in diesen Dingen ein Bauchmensch, kreativ, spontan, unkalkulierbar. Sie ist genau das Gegenteil, studierte Betriebswirtin und arbeitet als Controllerin beim Schweizer Radio. Wir haben uns vor ein paar Jahren bei Freunden kennengelernt und sind seitdem dicke Freundinnen. Ursula ist zwei Monate jünger als ich, lebt in Bern und ist seit einigen Monaten auch nicht mehr allein, sondern mit Ulf, einem Computerfachmann, liiert.

Ursula ist das, was man unter einer »attraktiven Frau« versteht. Sie ist gertenschlank, hat schwarze, halblang geschnittene Haare und große mandelförmige Augen. Sie achtet sehr darauf, immer elegant gekleidet zu sein. Ich mag sie sehr, und sie weiß alles von mir, auch, dass meine Gefühlslage im Moment etwas angespannt ist, weil ich auf der Suche bin, aber nicht weiß, wonach ich suche. Es gibt Abende, da greife ich zum Telefon und rede mir mit Ursula das Leben schöner. »Typische Midlife-Crisis«, ulkt sie dann immer und schiebt meine Unzufriedenheit auf mein Alter von fast vierzig Jahren, während mir ständig etwas Neues einfällt, auf das ich sie schieben kann: kein passender Mann, zu viel oder zu wenig Arbeit, langweilige Kunden oder stressige Kollegen. Irgendetwas außer »alt sein« fällt mir schon ein, warum im Moment mal wieder alles »doof« ist.

Ursula lacht dann immer und heitert mich mit irgendeiner lustigen Bemerkung auf.

»Ich will dir deine Reise gar nicht vermiesen«, sagt sie jetzt weiter. »Eine Hundeschlittentour am Polarkreis, das ist mal etwas ganz anderes, und wer weiß: Vielleicht ist es ein Volltreffer, und du kommst rundherum zufrieden wieder zurück und beginnst ein neues, ganz anderes Leben, vielleicht als Hundezüchterin«, orakelt sie und prustet dann los.

Ich kontere sofort. »Ach was, du weißt doch, dass ich meine Arbeit liebe und mir nicht wirklich etwas anderes wünsche.«

»Das nehme ich dir nicht ab«, widerspricht sie mir. »Ich glaube eher, dir fällt im Moment nichts Besseres ein.«

Vermutlich hat sie recht. Aber ich will mir auch keine Gedanken darüber machen.

»Im Moment sehne ich mich erst einmal nur nach Stille. Das ist mein großes Sehnsuchtswort. Ich möchte einfach mal abschalten, auftanken, nichts hören und – vor allen Dingen – nichts gefragt werden!«

Ich seufze tief auf. »Du glaubst nicht, was bei mir heute wieder alles los war. Besuch aus Übersee, Vorstellung der Kollektion und jede Menge Katalogänderungen. Und am Wochenende steht ebenfalls ein Geschäftstreffen an. Es ist einfach zu viel, und glaub mir: So ein totaler Tapetenwechsel ist das, was ich nun brauche. Kaltes Eis statt heißer Studios, ich brauche einfach mal komplett andere Bilder im Kopf.«

»Ich bin gespannt«, meint Ursula und macht sich gar nicht erst die Mühe, ihre Skepsis zu verbergen. »Für mich klingt das nach ›typisch Lotti‹. Aber auf jeden Fall ist es ein Abenteuer. Mal sehen, was du für dich daraus machst.«

Weiß, weit und märchenhaft unwirklich. Im Landeanflug auf Rovaniemi umhüllt mich bereits der ganze Zauber dieser Landschaft. Der Himmel ist azurblau, unter mir liegt ein gigantischer Flockenteppich, und wie hineingestreut erkennt man einsam gelegene Gehöfte und jetzt auch die roten Dächer von Lapplands finnischer Hauptstadt, die mit knapp über 60.000 Einwohnern in unseren Augen eher klein ist.

Nach meiner Buchung im Reisebüro habe ich mir auch zwei Reiseführer über Lappland gekauft und in Windeseile gelesen. Die Landschaft interessierte mich auf einmal brennend. Ich weiß jetzt recht viel über diese Region:

Lappland ist kein eigener Staat, sondern eine Landschaft im äußersten Norden Europas, eine subarktische Wildnis, die sich von Ost nach West auf vier Länder erstreckt: Norwegen, Schweden, Finnland und Russland. Das Land ist reich an Bodenschätzen und lebt außerdem von der Forstwirtschaft. Außerhalb der wenigen Städte ist die ganze Region so gut wie unbewohnt.

»Sieh mal, diese Winterlandschaft, das ist ja traumhaft, wie im Film«, meint meine Sitznachbarin Sylvia, eine etwa dreißig Jahre alte Zahnärztin aus Zürich, die zu meiner Gruppe gehört. Sie hat den begehrten Fensterplatz, zieht mich aber ganz nah zu sich, damit ich auch einen Blick erhaschen kann.

»Wir werden mächtig Spaß haben in diesem Schneeparadies«, freut sie sich. Sylvia ist eine begeisterte Skilangläuferin, hat aber, genauso wie ich, noch nie auf einem Hundeschlitten gestanden. Nur Lisbeth, eine Lehrerin um die fünfzig, die genau hinter mir sitzt, hat so eine ähnliche Tour schon einmal gemacht und uns am Gate, als wir auf den Abflug warteten, von »unvergesslichen Erlebnissen« vorgeschwärmt.

Wir sind zu sechst in Zürich gestartet, haben uns am Flughafen bereits beschnuppert und uns sofort als Team gefühlt. Vier Frauen, zwei Männer, von Ende zwanzig bis Mitte fünfzig, und alle sehr gespannt, was diese ungewöhnliche Reise bringen wird: sieben Tage Finnland, ganze vier davon auf einem Hundeschlitten. Die Temperaturen, die uns erwarten, sind unwirtlich, zwischen minus zwanzig und minus dreißig Grad. Wir haben dicke Skikleidung im Gepäck und reichlich Sonnencreme für die vermutlich schnell strapazierte Haut im Gesicht.

Nach der Landung auf dem winzigen Flughafen geht's mit dem Bus eine Stunde lang fast siebzig Kilometer über eine feste Schneedecke in ein idyllisch am Waldrand gelegenes Hotel. Uns erwartet ein köstliches Abendessen mit gebeiztem Lachs in Dillsoße, Fleisch in Brotteig und einem leckeren, alkoholarmen Hausbier. Zum Nachtisch gibt es Hefeteiggebäck und einige Gläschen Salmiakki, einen intensiv nach Lakritz schmeckenden Schnaps. Als ich ins Bett gehe, fühle ich mich so wohl wie schon lange nicht mehr und schlafe unter meiner weichen, wunderbar warmen Decke tief, fest und innerlich herrlich entspannt.

Am nächsten Morgen fahren wir noch einmal eine halbe Stunde zur ersehnten Huskyfarm, der »Ice Lodge«. Das kleine Anwesen liegt abgelegen auf einer Anhöhe. Bis zum nächsten Haus sind es fünf Kilometer, zur nächsten kleinen Ortschaft fünfzehn. Hier leben die beiden Eigentümer, Sven und seine Lebensgefährtin Kaisa, mit circa fünfzig Huskys, die vor ihren Hundehäuschen angepflockt stehen und uns schwanzwedelnd begrüßen, als wir aus dem Minibus steigen.

Es ist sonnig und wie erwartet bitterkalt. Sven, ein Hüne von Mann mit wachen, nugatbraunen Augen, lockigem blonden Haar und einem warmen Lächeln, der ursprünglich aus Schweden stammt, streckt uns die Hand entgegen und begrüßt uns freundlich und aufmerksam. Kaisa sieht neben ihm noch zarter aus, als sie sowieso schon ist. Sie hat ein junges, sehr hübsches Gesicht und wirkt fast schon ein bisschen schüchtern. Sie spricht kaum, lächelt uns aber alle herzlich und ganz offen an.

Die Stimmung ist locker. Wir sprechen Englisch, nennen uns beim Vornamen und sind schnell mitten in der Vorbereitung für den ersten Ausflug. Unsere mitgebrachte Skikleidung ist bei den Temperaturen hier nicht ausreichend. In einem Schuppen werden wir professionell winterfest verpackt. Ich behalte nur meine Sportunterwäsche an, bekomme dazu Stiefel, Thermohose und Kapuzenjacke, dazu dicke Handschuhe. Ich schlinge mir sicherheitshalber noch meinen mitgebrachten Schal um den Hals, und dann geht's auch schon los.

»Sei gut zu deinem Husky, denn er wird dich immer mehr lieben als sich selbst«, meint Sven und erklärt uns, dass bei dem vor uns liegenden Abenteuer zuerst die Hunde kommen. »Kümmert euch erst um sie und dann um euch. Dann könnt ihr sicher sein, dass sie euch gut durch die Tour bringen.«

Während uns Kaisa mit heißem Tee versorgt, erfahren wir in einem Crashkurs allerlei Wissenswertes über diese faszinierenden Tiere. Unter anderem, dass sie mit den bei uns üblichen Huskys nur wenig zu tun haben.

»Die Rassehunde, die ihr kennt, sind Siberian Huskys«, erklärt uns Sven. »Die könnt ihr mit unseren Huskys nicht vergleichen.«

»Ja, meiner sieht auch ganz anders aus«, stellt Ludger überrascht fest. Er ist Psychologe und arbeitet in Zürich in einer Klinik, direkt am Fuße des Uetliberges. Er ist in meinem Alter und war mir auf Anhieb durch seine ruhige und ausgeglichene Art sympathisch. Im Bus habe ich neben ihm gesessen. Er ist verheiratet, hat zwei Kinder und ist ganz verschossen in seinen Husky, dem er den herrlichen Namen »Gerd« gegeben hat.

»Das glaube ich dir. Du hast einen Siberian, der unterliegt den Rassestandards«, antwortet Sven jetzt. »Wir haben hier Alaskan Huskys, die alle anders aussehen. Sie sind nicht nach Optik gezüchtet, sondern nach ihren Qualitäten als Schlittenhunde.«

Wir erfahren, dass sie völlig unterschiedlich schwer und groß sind, aber eines gemeinsam haben: den unbändigen Willen zu rennen. Sie können das Mehrfache ihres eigenen Gewichtes ziehen und laufen bis zu dreißig Stundenkilometer schnell über eine lange Distanz, bei Rennen sogar noch mehr.

»Aber nicht nur das zeichnet diese Tiere aus«, erklärt uns Sven weiter, und wir hören ganz gebannt zu. »Huskys besitzen einen ausgezeichneten Orientierungssinn. Sie kommen so gut wie nie von bekannten Wegen ab, auch wenn die eine dicke Schneedecke haben und man eigentlich nichts mehr erkennen kann.«

Er lacht uns jetzt an. »Also, vertragt euch, wie gesagt, mit euren Huskys! Damit ihr auch wieder gut nach Hause kommt. Seid lieb zu ihnen!«

»Sind sie denn auch lieb zu uns?«, fragt Sylvia, und Sven hat die Antwort schnell parat.

»Weißt du, Huskys sind traditionell mit den Familien der Eskimos aufgewachsen, also auch mit den Kindern, sie haben das freundlichste und anhänglichste Naturell, das man sich von Hunden wünschen kann.«

Ich glaube das sofort, denn die ganze Zeit über habe ich schon Blickkontakt mit Sissy, einer wunderschönen Huskyhündin, die ganz in meiner Nähe steht, mich mit ihren braunen Augen regelrecht anstrahlt und dabei ausgelassen mit dem Schwanz wedelt. Ich glaube, sie möchte los. Genau wie wir.

Aber wir brauchen noch Geduld. Unsere Einführungsstunde ist noch nicht zu Ende. Sven ist für unsere Sicherheit zuständig und deshalb auch besonders gründlich und gewissenhaft. Wir lernen zuerst die Kommandos, auf die die Tiere hören.

»Go« für »Los geht's«, »Haw« für »links« und »Gee« für »rechts«. »Easy« heißt »das Tempo auf Trab zu verringern«, beim Abwärtsfahren zum Beispiel, und »Whuuu« steht für »stopp«.

Danach lernen wir, wie wir die Geschirre anlegen und mit dem Schlitten umgehen müssen.

Sven erklärt uns, wie wir mit dem Fuß bremsen können und wie wir den Schneeanker setzen, um das Gespann auf der Strecke oder am Start auf seinem Platz zu halten. Und wir lernen, dass wir die Handlebar, den Lenker, immer festhalten müssen.

»Egal, was passiert, ihr lasst den Lenker nicht los. Niemals!«, bläut er uns mehrmals ein und meint dann mit eindringlichen Blicken: »Das ist eure Lebensversicherung.«

Mit jedem seiner Sätze steigt die Spannung bei uns. Ludger vertüddelt sich vor lauter Aufregung mit den Leinen, und Sylvia hat Mühe, den schweren Schlitten in die richtige Position zu schieben. Marita, eine Buchhalterin in meinem Alter, ist so nervös, dass sie nicht mehr richtig zuhört und alles zweimal fragt. Nur Martin, der Ingenieur aus Basel, bewahrt die Ruhe, stellt gezielte Fragen und setzt mit Bravour um, was Sven uns beibringt. Aber auch die süßen

Huskys können es kaum erwarten loszurennen und springen immer nervöser an ihren Pfosten hin und her.

Es ist schon Mittag, als es endlich losgeht. Wir haben Riesenglück. Die dicken Schneewolken, die uns kurzzeitig Sorgen machten, haben sich wieder verzogen. Der Himmel ist erneut stahlblau, die Sonne erstrahlt im schönsten Glanz. Die Hunde bekommen ihr Geschirr angelegt und heulen aufgeregt los.

Wir bekommen jeder einen eigenen Schlitten und ein Gespann aus vier Hunden. Ich bin happy, denn meine Leithündin, die an der Spitze des Gespanns läuft, ist Sissy, die süße Hündin, mit der ich schon die ganze Zeit geflirtet habe.

Als »Chef« Sven auf seinen vorderen Schlitten zugeht, ist die Spannung kaum mehr auszuhalten. Die ganze Meute springt aufgebracht in dem Geschirr hin und her. Wir Fahrer warten mit klopfendem Herzen auf den Start und pressen unsere Füße möglichst sicher auf das Standbrett. Ich habe die Position gleich hinter Sven, und mein Herz klopft vor Aufregung ganz schnell.

Und dann ist es endlich so weit. Sven hebt den rechten Arm, ruft das Startkommando »Go« und löst die Sicherungsleine vom Pfosten. Die Hunde sind jetzt nicht mehr zu halten und preschen nach vorn. Ruckartig setzt sich mein Gefährt in Gang, und ich werde dabei so heftig nach hinten geworfen, dass ich drohe, von der Plattform zu kippen und in den Schnee zu fliegen.

»Lasst den Lenker niemals los«, schießen mir Svens Worte durch den Kopf. Ich halte meine Hände in den dicken Handschuhen fest um den Lenker geschlossen und lehne mich schwungvoll in die entgegengesetzte Richtung. Geschafft! Ich stehe fest und sicher, fixiere konzentriert den Trail vor mir und lasse das Tempo zu. Aus den Augenwinkeln rast die Winterlandschaft an mir vorbei. Der Schnee ist meterhoch, die Äste der Tannen hängen unter der Last der weißen Pracht so tief, dass die unteren schon den frisch aufgeschneiten Schnee berühren.

Svens Schlitten gibt die Geschwindigkeit vor, und sie erscheint mir sehr, sehr hoch. Ich glaube, wir rasen. Immer weiter hinaus durch die lichten Wälder in die endlose Weite Finnlands. Der Himmel ist durchgehend tiefblau, die Schneekristalle glitzern in der Sonne, und vor mir breitet sich ein endlos weiter weißer Teppich aus.

Und dann, nach einer gefühlten Stunde, in der ich zunehmend Sicherheit auf dem Schlitten gewinne, meine Hände nicht mehr verkrampft, sondern entspannt den Lenker halten und ich scheinbar über die weiße Landschaft dahinfliege, ist sie da – die Stille.

Man hört das Surren der Kufen auf dem Schnee, das Atmen der Tiere. Das war's. Nichts mehr. Absolut nichts. Meine Güte, ist das schön.

Die Hunde heulen längst nicht mehr, sondern machen das, was sie am meisten lieben: Sie rennen! Völlig rhythmisch und im absoluten Gleichklang sausen die Pfoten durch den Schnee, und diese positive Energie überträgt sich auf mich. Ich schwebe, und mit jedem Meter spüre ich, dass dieses Land mich und mein Leben verändern wird.

»Es war eine lehrreiche, aber auch harte Zeit bei der Air Force. Das schlimmste Erlebnis war mein Absturz in der Sierra Nevada, den ich nur um Haaresbreite überlebt habe. Hätten mich die Indianer nicht entdeckt, wäre ich qualvoll verdurstet.«

Sven schließt die Augen, sichtbar mitgenommen. Die Erinnerung an das Grauen scheint ihn einzuholen.

Wir sitzen zu siebt an einem Holztisch in unserem Nachtquartier, einer abgelegenen Holzhütte, irgendwo in den finnischen Bergen. Hinter uns liegt unsere erste Tagestour. Insgesamt waren wir sechs Stunden unterwegs. Drei davon in absoluter Dunkelheit. Mit unseren Stirnlampen konnten wir uns nur mühsam orientieren. Ich war froh, dass ich die ganze Zeit direkt hinter Sven fahren konnte und vor Martin, dem ich am meisten zutraue, hier alles richtig zu machen.

Lisbeth tat mir leid, weil sie die Letzte in unserem kleinen Tross war. Was wäre, wenn die Hunde irgendwo einfach falsch abbiegen? Dann rast sie bei der Eiseskälte ins Nichts. Es kann dauern, bis den anderen Tour-Mitgliedern das auffällt. Ich möchte das jedenfalls nicht erleben. Aber Lisbeth ist zum Glück kein Neuling mehr. Sie ist entsprechend erfahren. Vermutlich hat sie Sven deshalb als Letzte fahren lassen.

Es hat ja auch alles prima geklappt. Als wir an der Hütte ankamen, haben wir als Erstes die Tiere versorgt, ihnen das Geschirr abgenommen, sie angepflockt und das gefrorene Fleisch gehackt und verfüttert. Sven musste uns nicht mehr daran erinnern, dass sie zuerst kommen. Wir haben alle kapiert, wie wichtig das ist, und uns richtig verhalten. Später haben sich die Tiere im Schnee Kuhlen gebuddelt und sich hineingekuschelt.

Ich habe Sissy und den anderen Tieren aus meinem Team, so nennt man das ganze Gespann, noch »Gute Nacht« gewünscht und alle reichlich mit Streicheleinheiten versorgt. Sissy hat ihren Kopf dabei ganz fest an meine Hand gedrückt und konnte nicht genug gekrault werden. Es sind einfach total liebe Tiere, und es fiel mir richtig schwer, mich von ihnen zu trennen und sie in der Dunkelheit zurückzulassen.

Sven hat meine Gedanken anscheinend gelesen.

»Sie gehören hierher. Es ist ihr Leben, und sie mögen es«, hat er gemeint und mich mit einem Kopfnicken aufgefordert, jetzt auch endlich in die Hütte zu kommen.

»Frieren sie denn nicht?«, fragte ich beim Hineingehen.

»Nein, sie sind den polaren Regionen angepasst. Ihr Fell besitzt zwei Schichten, das Deckhaar und die Unterwolle«, erklärte er mir. »Darüber hinaus scheidet die Haut der Hunde Fett aus, das das Fell wasserundurchlässig macht. Das Fett schützt sie im Winter vor Kälte und im Sommer vor Überhitzung.«

Ich war fasziniert. »Das hat die Natur ja alles super geregelt«, resümiere ich.

»Die regelt alles am besten«, meinte Sven. »Schade, dass sich die Menschen immer einmischen. Übrigens ist ein Husky ›selbstreinigend‹. Man sollte ihn nie waschen, um die natürliche Fettschicht und die herausragenden Eigenschaften nicht zu beschädigen.«

Er lächelte mich freundlich an.

»So, jetzt hast du aber für heute genug gelernt. Ab in die Hütte, und deine Tiere schlafen hier gut und fest und träumen davon, dass sie morgen wieder rennen dürfen ...«

Die anderen hatten alle schon ihre Schlafsäcke auf den Pritschen ausgebreitet und offenbar bereits auf mich gewartet.

»Bei Hunden vergesse ich die Zeit«, habe ich noch gealbert und mich dann mit dem ganzen Team ans Kochen gemacht. Über einem kleinen offenen Holzofen haben wir unser Abendessen zubereitet. Es gab Rentierfleisch und Kartoffeln, dazu Wasser und Tee.

Als Abrundung hat Sven uns leckeren Beerenschnaps hingestellt, den er selbst allerdings nicht anrührt. Weil er die Verantwortung für unsere Truppe hat, trinkt er als Einziger von uns keinen Alkohol. Umso mehr vergnügen wir uns mit dem süßen Tropfen. Wir sind alle entsprechend gesprächig, aber Sven beeindruckt uns mit seinem Absturz bei der Air Force am meisten.

»Was denkt man in solchen Grenzsituationen«, will Ludger wissen.

»Man denkt nichts, mein Lieber. Man funktioniert einfach, wenn es um das eigene Leben geht«, antwortet Sven da und atmet tief durch, bevor er an seinem Tee nippt.

Jetzt ist es einen Moment lang ganz still, und wir denken vermutlich alle das Gleiche: Es ist bewundernswert, wie dieser Mann so eine dramatische Erfahrung wegzustecken scheint.

Ludger nickt zustimmend. »Ich weiß, ich war als Kind einmal in einer lebensbedrohlichen Situation. Man macht instinktiv das Richtige.«

»Und was musstest du erleben?«, will Martin wissen. Er ist der Älteste von uns. Ein sehr stiller und sehr ernsthafter Mann, mit dem ich mich ganz wunderbar unterhalten kann.

Ludger möchte gerade von seiner Erfahrung berichten, als Sven aber schon weitererzählt. Dieses Mal geht es um seine Zeit auf einem U-Boot, in der sich jede Menge gefährliche Szenen abgespielt haben.

Ich mag die Art, wie er erzählt, so lebendig und anschaulich, und könnte ihm stundenlang zuhören. Ich mag auch ihn. Das war allerdings anfangs nicht ganz so. Bei unserer ersten Begegnung auf der »Ice Lodge« fand ich ihn ziemlich dominant. Er war ziemlich kurz angebunden und wirkte fast so, als sei er genervt von uns. Auch in den kurzen Pausen während der Tour fühlte ich mich nicht wirklich wohl mit ihm. Vielleicht war das aber auch einfach nur der Verantwortung geschuldet, die er für die ganze Gruppe trägt. Doch nun gewinne ich nach und nach ein anderes Bild von ihm. Hier, in dieser Hütte irgendwo in der Weite Lapplands, erlebe ich einen freundlichen, uns sehr zugewandten und ungeheuer charismatischen Mann, der von ganzem Herzen liebt, was er tut. Jemanden, der echt und authentisch ist. Die anfängliche Ruppigkeit ist wie weggeblasen. Vermutlich war er auch einfach in Eile, weil wir losmussten, um zur richtigen Zeit an der Hütte zu sein. Ich ärgere mich ein bisschen über mein vorschnelles Urteil und nehme mir vor, künftig nicht so empfindlich zu sein und bei Sven nicht jeden Satz auf die Goldwaage zu legen.

»Wie bist du denn hierhergekommen?«, will Ludger wissen. Und Sven erzählt wieder, von seiner Erfahrung als Hundetrainer beim schwedischen Militär und der Anfrage von finnischen Kollegen, die dazu führte, dass er sich in Finnland niederließ ...

Obwohl wir eigentlich hundemüde sein müssten, sitzen wir an diesem Abend noch lange in entspannter Runde, hören Sven zu, erzählen aber auch aus unserem Leben, was natürlich nicht annähernd so spannend ist.

Es ist eine wundersam vertraute Stimmung hier in dieser Hütte. Wir kennen uns alle erst wenige Stunden und fühlen uns einander bereits sehr, sehr nah. Die Dunkelheit, die eisige Kälte, die Abgeschiedenheit, aber auch die nicht vorhandene Privatsphäre schweißen uns als Gruppe schnell zusammen. Unter diesen Bedingungen gibt es ja keinerlei Rückzugsmöglichkeiten. Wer auf die Toilette muss, erledigt das kurzerhand neben dem Schlitten, und unsere Schlafsäcke liegen in der Hütte so eng aneinander, dass wir den Atem des anderen spüren. Wir sind eine bunt zusammengewürfelte Schicksalsgemeinschaft. Jeder teilt alles mit jedem. Es gibt ein unsichtbares Band, das uns für diese eine Woche ganz fest zusammenzurrt.

»Ich gehe noch einmal vor die Tür«, sage ich leise zu Sven, als sich alle schlafbereit machen. Mein Nachtlager liegt dicht an der Tür. Ich störe niemanden, wenn ich etwas später wieder hereinkomme.

Sven nickt, bittet mich aber, auf jeden Fall in der Nähe der Hütte zu bleiben.

Ich schlüpfe in den Schneeanzug, ziehe die Kapuze hoch, wickle mir den Schal um den Mund. Als ich die Tür öffne, schlägt mir die Eiseskälte ins Gesicht. Minus 25 Grad, solche Temperaturen habe ich bisher noch nie erlebt. Von Sven habe ich gelernt, dass man unter diesen Umständen anders atmen muss. Flacher als zu Hause, damit die Kälte nicht zu tief in die

Lungen eindringt. Anfangs war das ein komisches Gefühl, aber man gewöhnt sich schnell daran, und es ist wirklich hilfreich.

Ich gehe um die Hütte herum, hocke mich auf eine notdürftig vom Schnee befreite Bank und freue mich darauf, ganz allein diese Natur zu genießen.

Was mich erwartet, ist einer der schönsten Momente meines Lebens: Der arktische Himmel umspannt mich wie ein leuchtendes Dach. Die Sterne strahlen wie angeknipst. Im Rücken spüre ich das warme Holz der Hütte, und vor mir liegt die Eislandschaft der Polargegend. Das alles im Paket ist ein unvergleichliches Naturschauspiel!

Und wieder ist sie da, die Stille, nach der ich mich in letzter Zeit so sehne.

Ich schließe die Augen, atme die Eisluft ein und verspüre ein tiefes, inneres Glück. Es muss herrlich sein, hier leben zu dürfen. Unter freiem Himmel, mit Menschen, die sich nicht für den schönen Schein interessieren, sondern einfach so sind, wie sie es mögen. Vorgegebene Modetrends, aktuelle Frisuren, avantgardistisches Make-up, gefragte Automarken, angesagte Möbel und beliebte In-Treffs am Zürichsee. All das, was mir jahrelang so wichtig war, ist hier bedeutungslos.

Ich bewundere den Musher, so nennt man einen Hundeschlittenführer, für sein aufregendes Leben, ach was, ich beneide ihn. Wenn ich noch einmal die Uhren auf null stellen könnte, ich glaube, ich würde mich nach Lappland beamen. Nicht einmal die Kälte, vor der mich alle gewarnt haben, würde mich stören. Im Gegenteil. Sie setzt Energien frei, macht den Körper stark und den Kopf klar. Wenn ich daran denke, wie mich die Hitze benebelt, dann ist das hier wie eine Energiespritze.

Zwei Augenpaare blinzeln mich da in der Dunkelheit an. Sie gehören Sissy, der Huskydame, die mit ihrem Blick mein Herz im Sturm erobert hat. Ich möchte sie gern streicheln, traue mich aber nicht. Wenn ich jetzt zu ihr gehe, wecke ich die ganze Meute auf. Aber ich winke ihr schnell zu, lächle. Ich bin mir sicher, sie versteht die Signale.

Vier Tage und drei Nächte sind wir ein Team. Sissy passt auf mich auf, bringt mich sicher durch jede Kurve und behält ihre Artgenossen unter Kontrolle, sodass ich wohlbehalten von jeder Tour zurückkomme. Ihr verdanke ich, dass ich diese Reise mit jeder Faser meiner Seele genießen kann.

Und dann ist die schöne Zeit auch schon herum. Wir fahren zurück. Der Bus parkt schon am Ausgang der »Ice Lodge« und wird uns zu unserer letzten Nacht ins Hotel bringen.

Sylvia und Lisbeth, Ludger und Martin, Marita und ich. Wir alle liegen nach und nach in Svens Armen und sind uns sicher: Wir hatten den besten Musher, den man sich wünschen kann. Auch Svens Partnerin Kaisa steht bei uns, wünscht jedem von uns liebevoll »Hyvästi«, auf ein Wiedersehen.

Ich kann aber noch nicht einsteigen, sondern muss mich noch einmal von Sissy verabschieden, die schwanzwedelnd neben ihrer Hundehütte steht und genau weiß, dass ich in wenigen Momenten aus ihrem Gesichtskreis entschwinden werde.

Ich kann nicht wirklich erklären, warum mir das Tier so nahe gekommen ist. Ich glaube, sie ist Teil eines Gesamtpakets, das mich so fasziniert: Es umfasst die Landschaft, das Neue, die Menschen, die Tiere und eben auch Sissy. Es passt alles, und das macht die Faszination aus.

Ich renne noch einmal hinüber zu ihr, hocke mich neben sie in den Schnee und kuschle mich an ihren Hals.

»Du wirst mir fehlen«, flüstere ich ihr ins Ohr, und sie, es ist unglaublich, legt mir eine Pfote auf die Schulter. Mir kommen vor Rührung die Tränen.

»Lotti, du musst los«, höre ich Svens Stimme. »Und du weißt, dass du jederzeit wiederkommen kannst!«

»Wiederkommen«, das Wort hallt in mir lange nach. Ich denke schon seit Tagen daran. Warum muss ich Abschied nehmen? Es trennen mich gerade mal drei Flugstunden von diesem Paradies. Ich jette um die ganze Welt. Da kann es doch kein Problem sein, nach Lappland zu fliegen.

»Ich komme wieder«, flüstere ich »meiner« Sissy ins Ohr, und in dem Moment ist der Abschiedsschmerz nicht mehr so schlimm. Ich wische mir verstohlen die Tränen weg und gehe zum Bus, ohne mich noch einmal umzusehen. Ich komme wieder, so einfach ist das.

Als sich der Bus in Gang setzt, winken uns Sven und Kaisa nach. Ich weiß, dass vermutlich morgen schon die nächste Gruppe kommt. Für Sven und Kaisa sind wir nur Gäste von vielen. Aber für uns sechs Schweizer sind unsere beiden Gastgeber etwas ganz Besonderes, etwas Unvergessliches.

»Was haltet ihr davon, wenn wir bald zurückkehren?«, schlage ich vor, als wir auf die Hauptstraße Richtung Rovaniemi abbiegen, und ich höre augenblicklich ein fünffaches »Ich bin dabei«.

Na also, unser Finnland-Abenteuer ist weit mehr als nur eine Auszeit. Wir haben in diesen Tagen etwas ganz Wichtiges für uns entdeckt: Ein anderes Leben ist möglich!

Zwischen Jetset und Alpenidylle
und plötzlich gibt's Huskys und noch viel mehr

»In wenigen Minuten ist die Maschine startbereit!«, lässt uns der Flugkapitän wissen. Wir sitzen alle ungewöhnlich still auf unseren Plätzen und sind sichtbar geprägt von der vergangenen Woche und den beeindruckenden Erlebnissen. Gleich wird die Maschine abheben und uns zurück in unser altes, gewohntes, so ganz anderes Dasein bringen.

Ich sehe auf die Startbahn. Es ist früher Nachmittag in Rovaniemi, und die Sonne ist bereits wieder untergegangen. Die dichte Schneedecke, die die Stadt bedeckt, gibt nur wenige Lichter frei. Sie schimmern milchig-trüb in der Dunkelheit. Ich schließe die Augen und träume mich weg. Ich sehe Sissy vor mir, Sven und Kaisa. Ich höre das Heulen der Huskys und rieche den frisch gefallenen Schnee. Ja, man kann Schnee riechen. Hier oben habe ich es erlebt. Er riecht frisch und sauber, ein bisschen nach Seifenblasen und Blüten. Herrlich! Und der Sauerstoff der klaren Luft ist ein Jungbrunnen und pumpt jede Zelle auf. Man lebt auf, fühlt sich stark und eins mit der Natur.

Dazu die Weite, die Einsamkeit, die endlich wiedergefundene Stille.

All das wird mir fehlen. Adieu Lappland! Oder besser: Hyvästi!

Die Maschine fliegt jetzt über den Wolken, und meine Gedanken sind schon ein paar Tausend Kilometer weiter in der Schweiz.

Zu Hause erwartet mich gleich morgen wieder ein Zehn-Stunden-Tag im Büro, mit Meetings, Besuchern, Messeplanungen. Ich habe meinen Terminplan nicht dabei, weiß aber, dass Kunden aus Frankreich und ein Lieferant aus Italien kommen. Früher habe ich mich immer auf diese Besuche gefreut und bin gern mit den Leuten schön essen gegangen. Entspannter Small Talk und gezieltes Verhandeln, das hat mir gefallen, und jeder errungene Erfolg hat mich ausgefüllt, innerlich satt und zufrieden gemacht.

Und jetzt? Ganz ehrlich: Es fasziniert mich nicht mehr, es langweilt mich. Ich sperre mich sogar dagegen. Denn es erwarten mich ja Neonröhrenlicht statt Mondschein, Heizungshitze statt eiskalter reiner Waldluft. Und ein Sammelsurium an bunten Geräuschen statt dieser fesselnden Stille.

Ich mag die Alternative mehr. Gut, ich war nur eine Woche weg, und in einer heiteren Urlaubsstimmung findet man vieles schön. Aber stutzig macht mich, dass mir von meinem vertrauten Alltag nichts gefehlt hat. Nicht eine Sekunde lang habe ich etwas vermisst. Und jetzt, wo mich bald wieder die wohlige, vertraute Wärme der Gewohnheit umfangen wird, fühle ich mich abgestoßen statt willkommen. Ich habe das Gefühl, ich fliege zurück in ein falsches Leben.

Dabei war es bis vor Kurzem genau das Leben, das ich mir gewünscht habe und das ich mir mit langsamen, aber stetigen Schritten erarbeiten konnte.

Ich komme aus der Nordschweiz, genauer aus Brugg im Aargau. Meine Mutter Hanne war Hausfrau, mein Vater Hans Ingenieur. Ein Freigeist, der immer auf Montage in der ganzen Welt unterwegs war. Meine Schwangerschaft war ein Unfall, und meine Großmutter hat ihren Sohn gezwungen,

meine Mutter zu heiraten, damit ich in »geordnete Verhältnisse« geboren werde. Die Ehe hielt nur zwei Jahre, vermutlich, weil sich meine Eltern kaum gesehen haben. Meine Mutter hat meinem Vater sehr nachgetrauert, ist dann schweren
Herzens mit mir auf einen Bauernhof nach Visp im Wallis gezogen und hat eine Zeit lang als Magd gearbeitet. Drei Jahre
später hat sie noch einmal geheiratet, Otto, den Bruder des
Bauern, und ich habe noch fünf Geschwister bekommen, vier
Mädels, Susi, Sonja, Ruth und Claudia, und ein Nesthäkchen,
meinen 16 Jahre jüngeren Bruder Andre, der trotz seiner über
1,80 Meter Körpergröße »der Kleine« geblieben ist.

Meine Jugend war schön. Wir Kinder hatten liebevolle
Eltern, eine enge Bindung untereinander und das Glück, in
der Natur mit vielen Tieren aufwachsen zu dürfen. Zu uns
gehörten einige Katzen und Barry, ein Berner Sennenhund
mit lustig wippenden Ohren und samtig glänzendem tief-
schwarzem Fell. Er war ein großer, tapsiger Kerl, ungeheuer
freundlich und unser liebster Spielkamerad. Ich weiß noch
genau, dass er uns alle immer verraten hat, wenn die Kinder-
meute Verstecken spielte.

Meinen leiblichen Vater habe ich in all den Jahren nur
selten gesehen. Ich erinnere mich kaum an ihn. Er kam ein-,
zweimal im Jahr in die Schweiz, war dann auch nett zu mir,
aber für eine Beziehung fehlte einfach die gemeinsame Zeit.
Ich habe kaum gemeinsame Bilder von uns im Kopf und weiß
so gut wie nichts von ihm. Aber ich glaube, ich habe zumindest
das Fernweh von ihm geerbt. Denn als ich mit 16 Jahren den
Schulabschluss in der Tasche hatte, wollte ich nur eines: weg!
Ich liebte Mode und habe mich für eine Schneiderlehre in
Lausanne entschieden. Es war ein Volltreffer.

Ich habe es wirklich geliebt zu nähen, war kreativ und schnell. Alles ging mir leicht von der Hand. So bin ich jeden Samstag mit einem neuen Kleid in die Disco gegangen, entworfen und geschneidert in der Nacht davor.

Außerdem mochte ich es, Französisch zu sprechen. Ich habe damals in einer Familie gelebt und hatte den Ehrgeiz, mich schnell perfekt verständigen zu können.

Die Zeit in Lausanne wurde zur Startrampe in ein spannendes Leben. »Du hast ein gutes Auge für Stil, bist fleißig und hast den Mut, etwas Neues zu wagen, eine Erfolg versprechende Mischung«, sagte damals mein Chef und empfahl mich nach dem Abschluss, den ich übrigens mit einer Auszeichnung schaffte, an die Schule für Modezeichner in Paris.

Ich war begeistert, meint Vater allerdings nicht. Denn die Schule war privat und entsprechend teuer. Erst nach einer Bedenkzeit sagte er zu, die Kosten zu übernehmen. Also ging ich von Lausanne nach Paris. Damals habe ich die große weite Welt geschnuppert, Haute Couture kennengelernt und, so gut es ging, das Pariser Modeleben in mich aufgesogen. Überall war Avantgarde, und ich wollte unbedingt dabei sein, um jeden Preis. Für ein paar feinste schneeweiße Ziegenleder-Sandalen habe ich fast zwei Monate lang kaum etwas gegessen, bis ich sie mir leisten konnte. Passend dazu entwarf und schneiderte ich mir ein komplettes Outfit – und bin dann perfekt gestylt über die Champs-Élysées stolziert. Ich habe es genossen, dass mich gefühlt jeder bewunderte.

Ich liebte Paris, das Flair, den Schick. Aber ich brauchte auch Natur und habe viele Stunden in der Woche im berühmten Jardin des Tuileries verbracht. Zum Glück nicht allein. Denn es gab Benny, eine Trottoir-Mischung mit dickem Bauch und kurzen Beinen, der bei Schwestern in einer nahe gelegenen Schule lebte. Ich durfte ihn mir ausleihen und bin fast täglich mit ihm spazieren gegangen. Dabei habe ich von einer Karriere als Kostümbildnerin geträumt. Doch mein Vater durchkreuzte die Pläne. Er wollte eines Tages nicht länger zahlen, und ich musste zurück in die Schweiz.

Aber ich hatte Glück im Unglück, bekam eine Anstellung in einem guten Atelier in Lausanne und durfte in einem kleinen Team feinste Kollektionen entwerfen. Ein Traumjob, der mich in der Modeszene bekannt machte. Ich war erst 24 Jahre alt, als ich von einem berühmten Schweizer Familienunternehmen ein reizvolles Jobangebot bekam. Ich sollte an ihrem Firmensitz in Basel eine hochwertige Unterwäscheabteilung aufbauen, und man versprach mir weitgehend freie Hand.

Eine riesige Chance, die ich unbedingt nutzen wollte. Obwohl ich damals in Lausanne frisch verliebt war, bin ich wegen des neuen Jobs nach Basel gezogen. Ich dachte, die Fernliebe mit dem gleichaltrigen Ingenieur würde klappen. Aber das war ein Irrtum. Die Liebe kränkelte schneller als erwartet. Frederik setzte mir die Pistole auf die Brust: entweder der Job oder ich. Ich musste nicht lange überlegen und habe mich für die Arbeit entschieden und danach auch nur noch für meinen wirklich aufregenden Modealltag gelebt.

Es war eine herrliche Zeit. Jeden Tag passierte etwas Neues, noch Aufregenderes. Meine Entwürfe kamen an, ich hatte auf der ganzen Linie Erfolg, und das verlieh mir Flügel.

Ganz schnell war ich in der Modewelt international unterwegs, verdiente gut, konnte mir entsprechend viel leisten: eine schicke Wohnung, ein flottes Auto, aber auch das Zusammensein mit in der Schweiz bekannten, wohlsituierten Freunden. Mein Leben war so bunt und faszinierend wie die Mode, die ich entwarf. Doch ich hatte schnell das Gefühl, mich selbst zu überholen, und in mir wuchs der Wunsch, mich wieder zu erden.

Als ich bei einer Skitour mit Freunden im knapp 1.500 Meter hoch gelegenen Kippel ein altes Haus entdeckte, das man dauerhaft mieten konnte, wusste ich sofort: Das ist es, mein Refugium. Es gehörte früher dem Baumeister und Künstler Alex Murmann und war berühmt für seine wunderbaren Kerbschnitte innen und außen.

Ich habe die Chance, in so einem kunstvollen Ambiente zu leben. Das muss ich nutzen, schwärmte ich mir damals vor, und setzte alles daran, den Zuschlag zu bekommen.

Es klappte, und ich war Mieterin eines Bergtraums mit großem Ofen in der Wohnstube, einer holzvertäfelten Küche und zahlreichen kleinen Schlafzimmerchen. Die Decken waren niedrig, die Fenster klein, die Treppenstufen knarrten. Man konnte Tradition atmen, was in diesem Fall auch »einfach« und »wenig Komfort« hieß.

Meine Familie vermochte die Faszination nicht nachzuvollziehen. Sie schüttelten alle innerlich verständnislos den Kopf, als ich ihnen stolz meinen Alpentraum präsentierte.

»Hier ist ja die Zeit stehen geblieben«, meinte meine Schwester Sonja, und in Anspielung auf mein Modeleben ulkte sie: »Ich dachte doch immer, du bist uns allen eine Saison voraus!« Sie hatte damals gerade angefangen, als

Hebamme zu arbeiten, und fühlte sich in Kippel »ein bisschen weggesperrt vom Leben«.

Doch genau das reizte mich. Ich wollte ein zweites, ein anderes Leben ohne Tempo führen und fand in Kippel das, was mir fehlte: Ruhe, Rückzug, Einfachheit.

Von nun an packte ich an fast jedem Wochenende meine beiden Katzen Zora und Charly ins Auto und machte mich auf den Weg in die unverfälschte Bergwelt. Wir waren ein glückliches Trio. Zora lag während der Fahrt immer auf der Hutablage, und Charly liebte es, in seinem komfortablen Katzenkörbchen zu reisen.

Oft war ich ganz allein dort oben, genoss die Ruhe, die Idylle, die frische Luft. Ich liebte es, morgens auf der Vorbank zu sitzen, mit meinen Katzen zu schmusen und den Tag vorbeiziehen zu lassen. Häufig waren aber auch Freunde zu Besuch da, oder wir reisten gleich im Tross an, und auch das konnte ich genießen. Wir waren ein buntes Völkchen aus Künstlern, Designern und Medienprofis, und uns verband die Liebe zur Natur und die Freude am Feiern, oft ausgelassen und feuchtfröhlich. Tagsüber ging's auf die Skipisten oder zum Wandern in die Berge, abends statt in In-Kneipen in den »Goldenen Löwen« oder ins Gemeindehaus. Wir haben getrunken, getanzt, geflirtet. In Jeans, Shirt und Turnschuhen, ohne Nagellack und Lippenstift.

Die Zeit in Kippel wurde in den kommenden Jahren mein zweites Leben, ganz ohne Schickimicki und Trends, dafür mit Einfachheit und Dorfidylle. Mich und auch einige meiner Großstadtfreunde faszinierte das.

Aber es gab eben auch den großen Reiz des Erfolges, den Wunsch nach Herausforderung und das Zauberwort Karriere.

Mit 32 griff ich nach den Sternen und träumte von einem eigenen Label. Ich habe in meinem Betrieb gekündigt, um mir mit einem Kollegen ein eigenes Unternehmen aufzubauen. Wir wollten »unsere« Mode auf den Markt bringen. Er sollte den Vertrieb machen, ich die Stoffauswahl und die Entwürfe. Näherinnen hatten wir reichlich an der Hand.

Aber das Ganze endete als Flop, denn mein Kollege warf mitten in der Planungsphase alles hin. Er hatte Angst bekommen, sich vor finanziellen Unsicherheiten gefürchtet und kurzerhand einen Job als Vertreter bei einem Konkurrenzunternehmen angenommen.

Ich war damals sehr enttäuscht und verletzt. Denn ich hatte an das Projekt geglaubt und musste nun alles absagen. Ausgerechnet ich musste aufgeben, und jeder, der mich kannte, wusste, wie sehr ich das hasste!

»Du bist eine Kämpfernatur«, hatte schon meine Mutter immer gesagt, wenn ich mich als Kind verbissen in etwas hineingekniet hatte.

»Du gibst nie auf«, meinte später mein Chef. »Wenn du etwas willst, versuchst du auf allen nur erdenklichen Wegen zum Ziel zu kommen ...«

Beide hatten recht. Wenn mir etwas zuwider war, dann, etwas aufzugeben. Doch dieses Mal musste ich mich geschlagen geben. Ich konnte allein nicht weitermachen. Doch ich krachte zum Glück nicht hart auf dem Boden auf, sondern fiel ganz sanft. Denn ich konnte dorthin zurück, wo ich mich auskannte: zu meinem Familienunternehmen in Basel. Mein ehemaliger Chef verzieh mir den Ausbruch und wollte mich zurückhaben. Er bot mir erneut einen Job in der Leitungsebene an, dieses Mal für die neu eingeführte Sparte

Herrenunterwäsche. Ich hatte zwar etwas Geld verloren und Kratzer an meinem Stolz abbekommen, saß aber wieder fest im gut gepolsterten Sattel. Ich war zufrieden.

Auch privat lief es damals gut. Ich war fest liiert mit Thomas, einem Autohändler, und lebte mit ihm fast schon ein Jetset-Leben. Thomas kam aus betuchten Verhältnissen, besaß ein Haus am Thunersee mit Bootssteg, und am Wochenende vertrieben wir uns die Zeit mit Wasserskifahren und Party.

Es ging mir insgesamt gut, richtig gut. Zumal mein Aufstieg in der Modeszene nach der unfreiwillig kurzen Pause ungebremst weiterging. Was das hieß, nahm ich gern mit: viele Reisen, schöne Hotels, spannende Messebesuche.

Und doch war beim zweiten Anlauf etwas anders: Ich fand das plötzlich alles nicht mehr so prickelnd. Die Entwürfe zu machen und umzusetzen, das war nach wie vor toll. Aber das ganze Drumherum begann mich erst zu langweilen, und später sträubte ich mich sogar dagegen.

Erklären konnte ich das nicht, aber ich fühlte mich, um in der Begrifflichkeit der Modebranche zu bleiben, als sei mein Leben nicht mehr maßgeschneidert, sondern von der Stange und einfach schlecht zugeschnitten.

Und so, wie man einen Kleiderschrank sortiert und die Teile von der Vorsaison ausmustert, habe ich dann mein Leben aufgeräumt.

Zuerst habe ich mich von Thomas getrennt. Ich hatte genug von seiner ganzen Bussi-Bussi-Gesellschaft. Dann habe ich die Partyszene gemieden, mich auf wenige enge Freunde konzentriert und nur noch die Dinge unternommen, die mir etwas bedeuteten: lange Spaziergänge in der Natur, gute Gespräche und gemütliches Lesen auf dem Sofa. Was blieb, war mein Rückzugsort Kippel. Eigentlich war ich nur noch dort glücklich, und jeden Montagmorgen fiel es mir zunehmend schwerer, meine Sachen inklusive Zora und Charly ins Auto zu packen und zurück nach Basel zu fahren.

Ich wollte viel lieber bleiben, allein durch die Berge stromern, abends in meiner einfachen Küche etwas Leckeres kochen und vom Wohnzimmer aus den Ausblick auf das Bietschhorn genießen.

Mein zweites Leben war mein erstes geworden, und all die Begleiterscheinungen in Basel wollte ich immer weniger. Ich verspürte auch immer weniger Lust, mir Gedanken über mein Äußeres zu machen. Trends, denen ich bislang voraus sein wollte, holten mich plötzlich ein. Erst übersah ich sie nur, dann verpasste ich sie. In meinem Badezimmer stand die komplette Kosmetikpalette eines Luxusherstellers, in meinem Kleiderschrank türmte sich teure Designer-Kleidung, aber ich maß dem Ganzen kaum noch Bedeutung bei.

Eigentlich war es vor diesem Hintergrund nur folgerichtig gewesen, dass ich dann diese ungewöhnliche Reise in den hohen Norden wagte. Ich hatte eben vieles satt, zu vieles. Der Reiz meiner Karriere, die Faszination meines Alltags, all das hatte sich im Laufe der zurückliegenden Jahre verflüchtigt und dem Wunsch nach einem anderen Leben Platz gemacht. Aber diese Sehnsucht war lange so schemenhaft, so wenig greifbar. Ich wusste, dass ich etwas suchte, aber ich wusste nicht, was. Ich hatte keine Vorstellung von dem, was ich wollte ...

»Liebe Fluggäste, wir werden in wenigen Minuten auf dem Flughafen Zürich landen«, ertönt da die Stimme der

Stewardess und holt mich aus meinen Gedanken. »Bitte stellen Sie die Rücklehnen in die ursprüngliche Position. Wir wünschen Ihnen eine gute Zeit und hoffen, Sie bald wieder an Bord einer unserer Maschinen begrüßen zu dürfen.«

Ludger stupst mich an. »Hey, Lotti, du warst aber ganz weit weg. Vermutlich unterwegs mit Sissy«, flachst er. »Ich muss übrigens heute noch in die Praxis und ein paar liegen gebliebene Abrechnungen fertig machen. Drück mir mal die Daumen, dass ich das packe.«

»Wer sich in Lappland bewährt, schafft das spielend«, necke ich ihn jetzt auch und denke dabei daran, dass ich noch eine Verschnaufpause habe und der ganze Marathon zum Glück für mich erst morgen früh wieder losgeht.

Als wir in Kloten am Kofferband stehen, warten wir auf unser Gepäck, jeder schon auf seine eigenen Angelegenheiten konzentriert – und eilen dann schnell auseinander. Das geschäftige Leben nimmt uns wieder gefangen, kaum, dass wir Schweizer Boden unter den Füßen haben. Wir müssen alle wieder los, in unseren hektischen Alltag zwischen Geld, Karriere und großem Programm.

Nachdenklich steige ich ins Taxi und murmle meine Adresse. »Lassen Sie sich Zeit«, schiebe ich schnell hinterher und fühle mich wie eine Revoluzzerin, denn ich habe mir vorgenommen, Hektik und Zeitdruck künftig aus meinem Leben zu verbannen. Es ist nicht wichtig, ob ich zehn Minuten früher oder später nach Hause komme.

Und ich habe von nun an etwas, auf das ich mich unbändig freue: meine nächste Reise nach Finnland!

In einem Jahr wird die Maschine wieder abheben, Richtung Rovaniemi. Zu Sissy und Sven ...

Der Himmel ist saphirblau, die Luft kristallklar. Vor mir breitet sich wie ein endlos weites, glatt gezogenes Betttuch ein zugeschneiter See aus. Ich trage einen dicken Schneeanzug mit festgezurrter Kapuze, eine Schneebrille und habe mein Halstuch bis unter die Nase gezogen. Nur die Wangenknochen sind noch frei. Mein vierbeiniges Team unter der Führung meiner heiß geliebten Sissy rast durch die finnische Winterlandschaft. Ich kann nicht genug davon bekommen und spüre mein Herz vor Freude hüpfen. Die kleinen Hügel, gesäumt von dick eingeschneiten Tannen, ziehen an mir vorbei. Ich höre das Keuchen meiner Hunde und das gleichmäßige Knarzen meines Schlittens auf der festgefahrenen Schneedecke. Immer weiter und weiter und weiter. Sven ist mir etwas voraus, sodass ich ganz allein durch diese verzauberte Wildnis zu gleiten scheine. Was für ein Abenteuer. Was für ein erhabenes Gefühl!

Seit drei Tagen bin ich wieder in Finnland. Wir haben unseren Traum wahr werden lassen und sind zurückgekommen: sechs Schweizer, die ihr Herz an den hohen Norden, den Schnee, die Einsamkeit und die Hunde verloren. Und ich vielleicht auch ein bisschen an Sven, denn ich spüre, dass wir uns näher sind, als es vielleicht sein sollte.

Ich mag diesen ungeheuer patenten und intelligenten Kerl mit den wilden Abenteuern im Kopf und dem großen Herzen für die Hunde. Ich mag diese Liebe zur Natur, die Art, wie er sich in unwirtlichem Gelände bewegt, und die Sorgfalt, mit der er unsere Gruppe führt. Er übernimmt Verantwortung, lenkt uns sicher und gekonnt durch dieses für uns neue, ungewohnte Terrain.

Bei unserem Wiedersehen auf der »Ice Lodge« bin ich natürlich zuerst schnurstracks zu Sissy gegangen und habe mein Tier geherzt und gedrückt. Sie hat mich erkannt, ganz sicher. So wie sie mich abgeschleckt hat, wusste sie genau, dass ich es bin.

Ich habe bestimmt eine Stunde mit ihr verbracht. »Pass auf, dass du ihr das Fell nicht wegstreichelst«, hat Ludger noch spaßeshalber zu mir rübergerufen, und Sylvia meinte, ich solle sie doch am besten adoptieren und mit nach Zürich nehmen. Sven hat dann aber sofort ganz erschrocken »No« signalisiert – und wir haben alle herzlich gelacht.

Ich war einfach zu froh, sie wiederzusehen, meine süße Sissy, und bin noch lange bei ihr geblieben. Irgendwann stand dann Sven neben mir. Er hatte mich bei den anderen Gästen vermisst und nach mir Ausschau gehalten.

»Wenn du mit Sissy fertig bist, wäre es ganz schön, wenn wir uns auch begrüßen!«

Dann hat er mich herzlich umarmt und fest gedrückt. In meinen Augen etwas zu fest. Aber vielleicht bin ich auch nur dem »Skilehrer-Virus« erlegen. Man kennt es aus den Urlaubsregionen in den Alpen: Den Skilehrer bewundert man. Niemand ist auf der Piste so gut wie er. Er ist der King im Ring. Das mögen wir Frauen. Aber er kümmert sich auch, ist fürsorglich und passt auf. Bei ihm fühlt man sich sicher und vor dem Leben und seinen Gefahren geschützt. Das macht den Reiz aus, das fasziniert. Und rasch möchte man die Zuwendung nicht mehr teilen und die eine, die Auserwählte sein. Ist es das?

Ich weiß es nicht. Aber es ist auch nicht wichtig, wenn es kribbelt. Es ist nicht mehr als ein leises, sanftes Gefühl. Denn Sven ist vergeben, und das ist auch gut so.

Der Sternenhimmel spannt sich wie eine Glocke über unseren Köpfen. Das Thermometer zeigt minus 23 Grad. Es ist 21 Uhr, und ich liege dick eingemummelt auf einem wärmenden Rentierfell im knirschenden Schnee.

In einiger Entfernung ist eine kleine Übernachtungshütte. Wir alle haben dort gerade eben noch Lachs und Kartoffeln gegessen, dazu wieder den starken finnischen Lakritzschnaps getrunken – und ich, ich gebe es zu, auch heute wieder ein paar Gläschen zu viel. Ich wollte dann wie die anderen meinen Schlafsack für die Nacht fertig machen, als plötzlich Sven hinter mir stand. Ich spürte seinen heißen Atem im Nacken, hörte seine tiefe, raunende Stimme.

»Komm noch mal mit raus. Ich möchte dir etwas zeigen.«

Ich musste nicht überlegen, nickte nur und ging wie an einem unsichtbaren Band gezogen hinter ihm her.

Lisbeth lag schon in ihrem Schlafsack, lächelte mir aber verschmitzt zu, und Ludger drehte sich bewusst diskret zur Seite, damit er ja nichts mitbekam. Ich glaube, alle wussten, was unser kleiner Ausflug bedeutete: Sven wollte mit mir allein sein. Und ich wollte es auch.

Wir stapften nebeneinander durch den festen Schnee. Unsere Kopflampen erleuchteten unsere Schritte bis zum

Lagerfeuer, das noch ein bisschen vor sich hin flackerte. Die Hunde schliefen in der Nähe und schienen die Wärme zu genießen.

»Komm, wir legen uns hin und warten ein bisschen. Vielleicht sehen wir die Polarlichter …«

»Polarlichter? Wirklich? Darauf lauere ich schon seit Tagen«, antwortete ich. »Meinst du, heute kann es klappen?«

»Ich hoffe es nicht nur, ich weiß es«, verkündete Sven selbstbewusst.

»Ja klar, mein Held hat auch Einfluss auf die Sonne«, alberte ich und knuffte ihn mit meinen dicken Handschuhen spielerisch in die Seite. »Dann gib mal das Startzeichen an deine himmlischen Kontakte.«

Sven antwortete nicht, sondern rollte stattdessen ein Fell aus, das er mitgenommen hatte, und legte sich darauf.

»Komm her«, meinte er und klopfte mit der Hand auf den Platz neben sich – und ich rutschte nur zu gern an seine Seite und schmiegte mich an ihn.

»Es ist so kalt«, flüsterte ich leise. »Und du bist so warm.«

Sven legte daraufhin den Arm um mich und streichelte mich ganz sanft …

Und so liegen wir jetzt also hier, eng aneinandergekuschelt, und während ich neugierig in den Himmel starre, reden wir: über unser Leben, was uns bewegt und was wir uns wünschen.

»Wovon träumst du?«, fragt Sven, und ich bin überrascht, wie einfühlsam dieser auf den ersten Blick so grob wirkende Bär von einem Mann sein kann.

»Von einem anderen Leben als das, was ich jetzt führe«, sage ich und merke, dass ich nicht in Worte fassen kann, was gerade in mir tobt.

Und während wir reden, passiert es. Der Himmel färbt sich in ein sagenhaftes Hellgrün in unterschiedlichsten Abstufungen. Ich starre fasziniert auf dieses Naturspektakel und fühle mich unendlich klein angesichts dieses Phänomens.

»Du hast ihn wirklich, den direkten Draht zur Sonne«, flüstere ich Sven zu, ganz ergriffen von den unfassbaren Eindrücken.

»Weißt du, woher diese faszinierenden Lichterscheinungen kommen?«, fragt Sven, und als ich mit dem Kopf schüttle, gibt er mir gleich eine kleine Nachhilfestunde.

»Polarlichter entstehen, wenn elektrisch geladene Teilchen der Sonne auf Gasteilchen der Luft treffen, und je nachdem, um welche Art es sich handelt, entstehen verschiedene Farben.«

»Sind sie nicht immer grün?

»Die üblichen Farben des Polarlichts sind rot, grün und blau. Daraus entstehen dann Mischfarben wie Violett, Weiß und manchmal auch Gelb.«

Ich weiß, dass es eine simple physikalische Erklärung dafür gibt. Aber erklären und erleben ist etwas ganz anderes. Hier wirkt die Natur so unwirklich schön und ergreifend, dass man sie für unecht halten muss.

»Und? Was denkst du?«, fragt Sven in diese Stille.

»Dass das Leben schön und dieses Fleckchen Erde fantastisch ist«, erwidere ich leise.

Ich sehe, wie sich der Hauch unseres Atems vermischt und wir eins werden, und ich spüre Svens Handschuh auf meinem. Romantik nördlich des Polarkreises, so sieht sie aus.

Wäre Sven nicht gebunden und das alles nicht so fern meiner Lebenswirklichkeit, dann ... aber ich bin kein Mensch für »wäre«, »hätte«, »könnte«.

Ich mag den Konjunktiv nicht.

Ich lebe im Hier und Jetzt und nehme an, was ist.

Ich bin hier mit einer Reisegruppe inmitten einer atemberaubend schönen Schneelandschaft. Und ich bin eine Frau und empfänglich für Romantik. Das ist es, nicht mehr.

Der ganze Himmel färbt sich jetzt in sagenhaftes Hellgrün. Dazwischen funkeln die Sterne heller als je zuvor, und das alles ist ein Bild, das mich innerlich richtig erfüllt. Ich möchte, dass die Welt einfach stehen bleibt und ich diesen Moment festhalten kann. Er soll sich fest einbrennen in mein Gedächtnis und, ich gebe es zu, auch in meinem Herzen.

Als wir dieses Mal Abschied nehmen von unserer »Ice Lodge«, sind wir stiller als das letzte Mal. Denn wir haben nicht mehr die Verheißung eines Wiedersehens vor Augen: Sven und seine kleine Lodge wird es bald nicht mehr geben. Denn er will weg, für immer.

»Ich gehe zurück nach Alaska, baue mir dort ein anderes Unternehmen auf. Ich habe etwas Neues, Großes vor«, hat er uns am letzten Abend verraten.

Wir waren geschockt, aber auch neugierig.

»Wirst du wieder Hundeschlitten-Touren anbieten?«, hat Ludger gefragt, und Martin wollte wissen, ob wir auch dorthin kommen könnten.

»Ja, ganz sicher, und ihr werdet überrascht sein, was ich auf die Beine stelle, etwas ganz Aufregendes, Spannendes.«

Er blickte uns bedeutungsschwer an, so als wollte er Spannung erzeugen, und schüttelte dann lachend den Kopf.

»Aber mehr wird nicht verraten, Freunde ...«

Wir sahen uns lächelnd an, und dann sprach Sylvia aus, was wir alle dachten: »Na, dann auf nach Alaska!«

Die Hunde wird er selbstverständlich mitnehmen, und damit werde ich auf der anderen Seite des Atlantiks hoffentlich bald auch Sissy wiedersehen.

Bevor der Bus losfährt, möchte ich Abschied nehmen von Sissy, und wieder laufen mir die Tränen über die Wangen, als ich neben ihr im Schnee knie.

»Leb wohl, mein wunderbarer Hund. Du hast mir den Zauber der Wildnis nahegebracht und mich auch jetzt wieder sicher und verlässlich nach Hause gebracht. Ich werde dich nicht vergessen.«

Und dann nehme ich ihr Köpfchen in beide Hände und sehe ihr ganz fest in die erdbraunen Augen.

»Wir sehen uns wieder, hörst du. In Alaska. Ganz sicher.«

Der Busfahrer hupt ungeduldig. Wir müssen los. Noch einmal ziehe ich Sissy an mich, kuschle mich in ihr Fell, und dann laufe ich los. Ich bin auch dieses Mal die Letzte, die einsteigt. Kaisa steht am Bus, streckt mir freundlich die Hand entgegen, die ich unbekümmert nehme. Ich habe ein reines Gewissen. Meine Gefühle tun niemandem weh.

Dann kommt Sven auf mich zu. Er schließt mich fest in seine Arme. Ich schnuppere den männlichen Duft seiner Haut. Und ich spüre seine kräftigen Pranken, die mich auch dieses Mal wieder länger umarmen als üblich. Ich bin sicher, ich werde auch ihn wiedersehen.

»Kommt mich also besuchen«, ruft er uns zum Abschied hinterher, als der Bus bereits losgefahren ist. »Ich halte euch auf dem Laufenden, wo ich bin!«

»Wollen wir?«, fragt Ludger später auf der langen Rumpelfahrt zur Hauptstraße.

Wie schon zuvor antworten wir wieder einstimmig im Chor mit »Ja«! Aber ich bin mir diesmal nicht sicher, ob ich noch einmal mit dabei sein werde. Nicht, weil ich es nicht möchte – ich habe vielmehr ein feines Bauchgefühl, und das sagt mir: »Es kommt alles anders ...«

Die richtig großen Träume
und endlich »eckige Runden«

Es ist Samstagfrüh, und ich sitze im Pyjama entspannt am Tresen meiner weißen Lackküche, nippe an einem Cappuccino und blättere in einigen Magazinen.

Dieses Wochenende kann ich wieder nicht nach Kippel. Wir haben eine Kollektionsbesprechung am Montag, und ich muss noch einiges dafür vorbereiten.

Das Telefon klingelt, und ich sehe etwas genervt auf die Uhr. Zu früh für Ursula, meine Geschwister oder meine Mutter. Etwas ungehalten nehme ich den Hörer ab, entschlossen, jedem Störenfried die Leviten zu lesen.

»Ich bin's, Sven ...!«

Jetzt bin ich baff. Sven, mein Urlaubsflirt aus dem ewigen Schnee? Ich brauche einen Moment, um mich zu sammeln.

»Hallo? Erinnerst du dich an mich?«

»Sven, ja klar, natürlich.«

Ich stottere richtig, so überrascht bin ich. Es ist wie ein Anruf aus einer anderen Welt.

»Bist du in Alaska?«

»Nein, in Basel!«

Jetzt bin ich komplett verwirrt.

»Du bist wo? In Basel?«, wiederhole ich ungläubig. »Was machst du denn in der Schweiz? Und ist Kaisa auch dabei?«

»Wo Kaisa ist, weiß ich nicht. Ich habe nicht die geringste Ahnung. Das ist eine lange Geschichte. Wenn du Zeit hast, erzähle ich sie dir, zumindest irgendwann einmal.«

Sven redet nicht lange herum, sagt schnell, worum es ihm geht.

»Ich möchte dich gern sehen, so schnell wie möglich.«

Wumm! Da flattern auch schon Schmetterlinge in meinem Bauch, und ich merke, dass sich der Kopf gerade wegschaltet und nur noch das Herz spricht.

»Magst du vorbeikommen? Soll ich dich abholen? Wo bist du?«, frage ich unbeholfen.

Ich erfahre, dass Sven schon seit gestern Abend in der Stadt ist und bei Martin, dem Mitglied unserer Lappland-Reisegruppe, übernachtet hat. Und jetzt möchte er zu mir, dringend, am liebsten sofort.

Schon eine Stunde später sitzt Sven leibhaftig auf meinem weißen Sofa und genießt einen frisch gebrühten Kaffee.

Ich habe mich mächtig herausgeputzt für ihn und bin furchtbar aufgeregt. Sven, mein Traummann aus Lappland, ist mir plötzlich ganz nah. Und nicht nur das. Wir sind allein.

Ich bin total unsicher. Denn die Situation macht mich nervös, weil ich nicht abschätzen kann, wie unsere ungewöhnliche Urlaubsbekanntschaft sich weiterentwickeln wird.

Sven wirkt gelassen wie immer. Er trägt Jeans und Sweatshirt, dazu schwere Wanderschuhe. Das dichte, lockige Haar fällt ihm ungebändigt in die Stirn. Sein Gesicht wirkt hart und vom Leben gezeichnet, aber es passt zu Abenteuer und Wildnis. Nur seine warmen braunen Augen verraten, dass es noch einen weichen Kern unter der rauen Schale gibt. Ich habe ihn schon entdeckt, damals in Lappland, auf dem Rentierfell, unter dem flackernden Polarlicht.

In meinem hochgestylten Umfeld wirkt Sven allerdings wie ein Fremdkörper, aber ihn scheint das nicht zu kümmern. Er bewegt sich so, als gehöre er hierher. Alles wirkt selbstverständlich.

Wir essen Brötchen und Rührei, ganz entspannt, ganz ungezwungen. Ab und zu legt Sven den Arm um meine Schulter, und ich merke, wie gut mir das tut. Dabei erfahre ich alles: Svens Alaska-Abenteuer ist gescheitert. Mit dem designierten Teilhaber, einem ebenfalls sehr erfahrenen Musher, hat er sich nicht verstanden.

Aber das ist nicht alles, was Sven zugesetzt hat: Als er von seinem Alaska-Ausflug nach Finnland zurückkehrte, um mit Kaisa zu besprechen, wie es weitergehen könne, war sie weg – und mit ihr die kompletten Bargeldreserven. Zudem hat sie die Konten überzogen und den PC mitgenommen. Nur die Hunde hat sie zurückgelassen, aber wenigstens dafür gesorgt, dass sich ein Freund bestens um sie kümmert.

»Sissy geht's also gut?«, will ich sofort wissen und bin ungemein erleichtert, als Sven mir das bestätigt.

»Sie ist topfit. Mach dir keine Sorgen!«

»Und dir, wie geht es dir nach dieser doppelten Enttäuschung?«

»Alaska habe ich abgehakt und kapiert, dass ich allein arbeiten muss. Dass mein Geld weg ist, ist allerdings sehr ärgerlich, aber nicht das Wichtigste«, meint er lässig. »Das heißt doch nur, dass man neues verdienen muss.«

Ich bewundere Sven. Andere hätten nach so einer Erfahrung resigniert und sich an einer Schulter ausgeheult. Aber er geht, zumindest äußerlich, lachend darüber hinweg. Er ist wirklich ein ganz wunderbarer Mann.

»Und wie? Weißt du schon, wie es weitergeht?«

Sven wäre nicht Sven, wenn er keine neuen Pläne hätte. Und wirklich, sein alternativer Lebensplan steht bereits.

»Ich ziehe nach Schweden. Über einen Bekannten habe ich dort ein kleines Häuschen gekauft, neunzig Kilometer südlich von Kiruna, in der Nähe eines kleinen Sees. Es ist ein Traumgrundstück.«

Schnell kramt er ein paar Fotos aus der Brieftasche und hält sie mir hin.

»Hier, sieh mal, wie findest du das?«, fragt er begeistert.

Sein neues Zuhause ist ein kleines Holzhaus in typischem Schwedenrot mit weißen Türen und Fenstern, herrlich am Ufer eines malerischen Sees gelegen, umgeben von dichtem Baumbestand. Der blaue Himmel spiegelt sich im Seewasser. Idylle pur!

»Ist das Gelände gut erreichbar?«, frage ich, schon ganz vertraut mit dem spannenden Outdoor-Leben.

Sven schmunzelt, schüttelt spielerisch den Lockenkopf.

»Du stellst Fragen, du Stadtfrau. Du weißt doch, wie ich leben möchte. In der Natur, allein, ohne das ganze Gedöns hier!«

Und während er »Gedöns« sagt, weist er mit seiner Hand auf mein liebevoll mit weißem Porzellan dekoriertes Regal.

»Was gefällt dir daran nicht?«, frage ich ihn etwas eingeschnappt.

»Es gefällt mir ja«, korrigiert er sich schnell. »Du hast es auch schön hier, Lotti, keine Frage. Aber mir bedeutet so was nichts, das wollte ich damit sagen. Das alles hat mit meinem Leben nichts zu tun. Ich brauche nichts Materielles, dafür aber viel Natur.«

Jetzt lächelt er mich an, fast schon liebevoll, bevor er weiterspricht.

»Aber gut, damit du eine Vorstellung hast. Ja, man kommt für schwedische Verhältnisse gut dorthin. Wenn man von der E10, der Hauptverbindung Richtung Gällivare, abbiegt, sind es noch mal zehn Kilometer bis zu mir. Man kann allerdings nur ein paar Kilometer mit dem Auto fahren, dann muss man den Wagen abstellen und laufen.«

»Laufen? Wie lange?«

»Na, etwa fünf Kilometer, und das ist noch nicht alles ... einen schmalen Fluss muss man auch noch überqueren. Das ist noch richtig ursprüngliche Landschaft da.«

Sven schmunzelt und sieht mich jetzt spöttisch an.

»Es ist eben ein Abenteuer, meine kleine Stadtfrau.«

»Muss man schwimmen?«, albere ich.

Er schüttelt lachend den Kopf.

»Nein, nein, so schlimm ist es nicht, aber es gibt keine Brücke, falls du das denkst. Allerdings eine kleine Fähre. Man kann also mit dem Boot übersetzen. Es ist schön, wirklich. Noch ist der Weg etwas beschwerlich, aber das lässt sich regeln, zumindest im Sommer. Es ist herrlich dort. Du müsstest es sehen!«

Und dann hat Sven wieder diese Wärme in seinem Blick, die ich so sehr an ihm mag.

»Wenn du in meinem Haus aufwachst, hörst du nichts, nur den Wind, der in den Ästen der Bäume spielt. Ab und zu siehst du auf dem See eine Wildente, oder du entdeckst ein Eichhörnchen, das am Fenster vorbeihuscht.«

Sven nimmt meine Hand, streichelt mir mit dem Daumen wie beiläufig über den Handrücken. »Glaub mir, es ist das Paradies.«

Dann legt er mir wieder den Arm um die Schulter, zieht mich jetzt aber ganz nah zu sich heran. Die Nähe, sein Geruch, ich denke wieder an unsere Nacht unter dem Polarlicht, erinnere mich an seinen fordernden Blick, spüre wieder, wie damals, seinen heißen Atem und bekomme wieder, wie damals, ein flaues Gefühl im Magen. Seine Nähe lässt alles in mir in Schwingung geraten. Mein Puls rast. Ich will das nicht.

»Ich hole uns noch etwas Käse«, haspele ich nervös und löse mich schnell aus seiner Umarmung, um in die zum Wohnzimmer hin offene Küche zu laufen.

»Langfristig können auch Urlauber kommen«, erzählt Sven munter weiter von seinen Plänen, während ich in der Küche etwas Gebäck vorbereite. »Ich möchte mir nach und nach ein Camp aufbauen. In so einer Lage ist das etwas Einmaliges in der Region. Die Flughafennähe ist optimal, die Natur grandios. Das wird ein Renner, ganz sicher. Dieses Haus ist der Grundstein.«

Sven lehnt sich zurück, beobachtet, wie ich am Kühlschrank hantiere.

»Möchtest du Kekse? Oder lieber ein Stückchen Kuchen?«, frage ich ihn über den Tresen hinweg. »Oder Obst?«

»Kekse, gern.« Er sieht mich an und seufzt kurz auf. »Ach Lotti ... aber allein macht das alles keinen Spaß.«

»Möchtest du wieder mit Hunden arbeiten?«, frage ich und weiche damit gezielt seiner Bemerkung aus. Ich setze mich auch nicht mehr zu ihm auf das Sofa, sondern ziehe mir einen der Esszimmerstühle vom Tisch herüber und reiche ihm aus sicherer Distanz die Schale.

»Hier, nimm bitte. Die Dunkelbraunen schmecken am besten.«

Sven greift zu und lächelt mir eine Spur zu verschmitzt zu. Er merkt genau, dass ich nervös bin und ihm gezielt aus dem Weg gehe, und macht sich lustig darüber: »Kannst du eigentlich noch weiter wegrücken? Am besten gehst du vielleicht ins Bad. Dann haben wir den größtmöglichen Abstand innerhalb der Wohnung ...«

Ich denke gar nicht daran, auf seine spöttische Bemerkung einzugehen, sondern frage lieber weiter nach seinen Plänen.

»Hast du vor, auch mehrtägige Touren anzubieten?«

Ich brauche die Distanz, sonst passiert hier heute etwas, das uns beiden nicht guttut. Ich spüre deutlich die knisternde Spannung zwischen uns. Aber nach einer Affäre steht mir nicht der Sinn. Ich habe keine Lust, mich in Gefühlen zu verlieren. Dafür trage ich viel zu viel berufliche Verantwortung im Moment.

Sven lächelt wissend. »Ja, genau, ich möchte das Gleiche wie in Finnland künftig in Schweden aufziehen. Aber ...«, er sieht mich jetzt fast schon sehnsüchtig an, »... mir fehlt ein liebevoller Mensch an der Seite.«

Warum sagt er das?

Unruhig rutsche ich auf meinem Stuhl hin und her.

»Und das Geld? Was ist damit? Ich meine, kannst du das denn finanzieren, nachdem das mit Kaisa passiert ist«, entziehe ich mich erneut der für mich immer brenzliger werdenden Situation.

Sven wirkt einen Moment lang etwas genervt, seine dunklen Augen funkeln gereizt. Ich kenne den Blick. Er ist mir schon mehrmals auf unseren beiden Finnland-Reisen aufgefallen. Wenn jemand von uns aus der Gruppe eine Frage stellte, die ihm nicht passte, war dieser gewisse Furcht einflößende Blick da. Damit hat er uns jedes Mal richtig verunsichert.

»Weißt du, es ist nicht schön, ausgerechnet von der Partnerin über den Tisch gezogen zu werden«, zischt er und macht eine lange Pause, so als brauche er Mut, um weiterzusprechen, beziehungsweise Ruhe, um sich zu sammeln.

Ich liege richtig mit meiner Vermutung.

»Ich brauche Zeit, einfach Zeit, und es wird alles langsamer vorangehen als geplant. Aber das ist nun mal so und nicht mehr zu ändern.«

»Kannst du dein Geld nicht zurückbekommen?«, frage ich nach.

Sven schüttelt wieder den Kopf. »Ich weiß ja nicht einmal, wo Kaisa jetzt ist. Und außerdem kann ich nichts beweisen. Sie hat überwiegend Bargeld mitgenommen und kann immer behaupten, es sei ihr Geld gewesen. Es steht Aussage gegen Aussage. Das bringt nichts.«

Es leuchtet mir ein. Er ist wirklich übers Ohr gehauen worden. Der arme Kerl. Das ist schon bitter, ich hätte Kaisa so etwas nie zugetraut. Sie wirkte so still, fast ein bisschen schüchtern. Aber wem kann man schon ansehen, wozu er fähig ist?

Mir tut Sven einfach nur leid. Innerhalb kürzester Zeit sind seine großen Pläne zerstoben.

Sven hat Zeit und bleibt ein paar Tage bei mir. Tagsüber zeige ich ihm meine Heimat. Wir besuchen in Basel den Zoo, gehen am Rhein spazieren und immer wieder lecker essen. Wenn es ans Bezahlen geht, zücke ich sofort mein Portemonnaie. Ich weiß ja, dass er knapp bei Kasse ist, und möchte ihn nicht in Verlegenheit bringen. Wir verbringen eine richtig schöne Zeit zusammen, verstehen uns prima und lachen viel.

Aber am liebsten sitze ich nur da und höre Sven zu. Er kann stundenlang aus seinem Leben erzählen, und sein Leben ist ungeheuer bunt. Kein Vergleich mit meinem, das so langweilig und stinknormal ist.

»Das kann doch nicht alles gewesen sein ... das bisschen Sonntag und Kinderschreien. Das muss doch noch irgendwo hingehen.«

Ich backe für Sven und mich eine Schweizer Aprikosenwähe und singe dabei in der Küche den Hit von Erika Pluhar, die mich mit ihrer Stimme schon lange fasziniert.

>>*Die Überstunden, das bisschen Kies*
Und abends in der Glotze das Paradies
Darin kann ich doch keinen Sinn sehen.<<

Ich liebe dieses Lied. Es trifft mein jetziges Lebensgefühl.
Ich kenne den Text längst auswendig und trällere fröhlich
weiter.

Sven hat sich hingelegt. Er ist müde, es war wohl doch
alles ein bisschen viel für ihn. Er ist schon den dritten Tag
hier, und mein anfänglicher Widerstand konnte seinem
Charme bereits am zweiten Tag nicht mehr standhalten.
Wir haben uns geküsst, geschmust, zu mehr aber ist es nicht
gekommen, weil ich es nicht zuließ. Doch es ist schön mit
ihm.

>>*Das soll nun alles gewesen sein*
Da muss doch noch irgendwas kommen – nein?
Da muss doch noch Leben ins Leben – eben.<<

>>Leben ins Leben<<, das ist es. Mein Leben ist langweilig
und eingefahren. Ich beneide Sven.

>>*Das soll nun alles gewesen sein*
Das bisschen Fußball und Führerschein
Das war nun das donnernde Leben, eben.
Ich will noch ein bisschen was Blaues sehen
Und will noch ein paar eckige Runden drehen
Und dann erst den Löffel abgeben ... eben ...<<

Da kommt plötzlich Sven in die Küche und umarmt
mich von hinten, küsst mich auf die Wange. Ich übersetze
ihm den Text, den ich so sehr mag, ins Englische.

»Löffel abgeben? Na, so weit bist du aber noch nicht. Dreh lieber ein paar ›eckige Runden‹, wie du gerade gesungen hast«, meint Sven augenzwinkernd. »Es ist schön, so geweckt zu werden. Der Kuchen riecht übrigens köstlich. Gibt es auch Kaffee dazu?«

»Es gibt alles, was du Charmeur dir wünschst«, sage ich und drücke sofort auf den Startknopf der Kaffeemaschine, auch um mich mal wieder aus seiner Umarmung zu winden.

»Du hast viele ›eckige Runden‹ gedreht, mein Lieber. Ein Mensch allein kann eigentlich gar nicht so viel erleben wie du.«

Sven lächelt nur und erzählt schon die nächste spannende Geschichte, und wie immer hänge ich gebannt an seinen Lippen, während die köstliche Aprikosenwähe weiter im Ofen gart.

Schade, dass er so weit weg lebt. Wäre er hier in der Schweiz, könnte ich mir viel zwischen uns vorstellen. Sven ist schon ein richtig klasse Typ.

Allerdings kommt er bei anderen Menschen nicht so gut an wie bei mir.

»Dein Wildlife-Bekannter ist mir nicht geheuer«, raunt mir Sonja leise ins Ohr, als ich am nächsten Tag mit Sven zu Besuch bei ihr bin.

Ich möchte gern, dass er nach und nach meine Familie kennenlernt. Aber schon die erste Begegnung mit einem meiner Geschwister ist ein Flop. Die beiden werden nicht warm miteinander, und nach einer Stunde muss Sonja angeblich zum Dienst. Das ist natürlich geschummelt, und sie sagt es nur, um ihn loszuwerden. Sie verabschiedet uns höflich, aber ich sehe ihr an, dass sie Sven nicht ausstehen kann.

Am nächsten Tag legt sie nach. »Der erzählt wie ein Märchenonkel, und du hängst an seinen Lippen. Glaub doch nicht alles, was er herausplappert«, warnt sie mich eindringlich am Telefon. Ich bin über diese Sätze ziemlich entrüstet, versuche aber, Sonja zu verstehen. Sie arbeitet in einer Klinik. Das prägt natürlich. Abenteuer und Aufbruch sind nicht ihre Themen. Ich denke, er ist ihr fremd, und deshalb hält sie ihn auf Abstand.

»Du machst ihn mir doch nur madig, weil er anders ist«, entgegne ich trotzdem etwas spitz. Sonja geht nicht mehr darauf ein. Ich glaube, sie hält ihn für einen belanglosen Flirt und hat keine Lust, noch mehr Zeit mit meinem unangepassten Freund zu vertrödeln.

Ich mag ihn jedoch, und das zählt! Wobei ich glaube, dass es längst mehr ist als mögen. Er ist einfach ein ungewöhnlicher Kerl, aber ein guter Mann, das spüre ich, und ich habe garantiert keine Scheuklappen an, wie mir Sonja in dem kurzen Telefonat auch noch unterstellt hat.

Außerdem will ich mir nicht mehr in mein Leben pfuschen lassen, schon gar nicht von meiner kleinen Schwester. Ich bin keine 15 Jahre alt und muss mir von niemandem sagen lassen, was mir gefällt und was nicht. Im Gegenteil, es macht mich störrisch, wenn mir jemand Vorschriften macht. Ich tue, was ich will, und fühle mich hingezogen, zu wem ich will, basta.

Vermutlich spielt mein Trotz die größte Rolle, als ich Sven auch mit nach Kippel nehme. Ich plane ein, dass ich mit diesem Mann auch bei meinen Freunden anecke. Aber es ist mir egal. Sollen sie sich doch alle das Maul zerreißen.

Aber es wird schlimmer als erwartet. Sven poltert sich regelrecht durch meinen Freundeskreis mit seinen zu offenen, zu direkten Bemerkungen und seiner ungeschliffenen Art. Er wartet nicht, bis man ihm bei Tisch etwas anbietet, sondern greift einfach zu, und wenn ihn ein Gespräch langweilt, steht er einfach auf und geht, wortlos. Ihn, den ich für einen ungeschliffenen Diamanten halte, finden meine Freunde »unkultiviert und unhöflich«, wie sie mir ziemlich schonungslos zu verstehen geben.

Deshalb bin ich auch nicht mehr überrascht, als Ursula dann ähnlich abweisend reagiert wie Sonja.

»Du hast schon einen speziellen Geschmack«, flüstert sie mir leise ins Ohr, als wir in der Küche stehen und gemeinsam aufräumen. Ich bin ein bisschen sauer. Sven ist eben ein Mann, der in Alaska Jets geflogen, beim Wettkampf-Tauchen Medaillen errungen und auf einer Lodge in Finnland gewohnt hat, jemand, der gern in der Wildnis lebt, echt und unverfälscht auftritt. Er ist kein Radiomoderator oder Designer, und ich finde Ursula mit ihrer Beurteilung etwas klein kariert. Sie hat die halbe Welt bereist und muss doch jemanden richtig einschätzen können, der einen anderen Hintergrund hat.

Zu allem Ärger schlägt Svens Stimmung auch noch urplötzlich um, und er verhält sich auf einmal wie ein störrisches Kind. Plötzlich gefällt ihm nichts mehr bei uns. Die Glocken sind zu laut. Die Zimmer zu eng. Die Schweizer zu spießig und meine Freunde zu abweisend. Sven nörgelt an allem herum. Als Ursula ihm genau das auch noch vorwirft, bringt sie das Fass zum Überlaufen.

»Ich möchte hier nicht bleiben. Deine angeblichen Freunde sind dumme, ignorante Menschen«, poltert er am Abend los. Ich versuche, ihn zu beruhigen. Vergebens. Er ist aufbrausend und nicht mehr zu bremsen.

»Wir fahren zurück nach Basel. Ich will hier nicht sein. Auf keinen Fall«, legt er so laut nach, dass es mit Sicherheit jeder im Haus mitbekommt.

Wir liefern uns eine lautstarke Auseinandersetzung. Dann gebe ich auf. Ich packe unsere Sachen zusammen und fahre nach Basel zurück, den mürrischen und absolut sprachlosen Sven auf dem Beifahrersitz.

Als wir nach Hause kommen, will Sven ausgehen. Ich bin froh, dass er sich wieder beruhigt hat, und willige sofort ein. Wir bummeln durch das quirlige Basel. Ich trage flache Sandaletten und ein ganz neues himmelblaues Hemdblusenkleid, dazu eine farblich passende Tasche, Sven wie immer Jeans und ein Holzfällerhemd. Wir sind auch schon auf den ersten Blick ein ungewöhnliches Paar! Aber spielt das eine Rolle?

Wir besuchen diverse Kneipen, trinken Bier und essen Pizza. Es ist ein schöner Abend, und was meine Freunde über Sven denken, ist mir jetzt völlig schnurz. Für mich ist er einfach wunderbar.

Zurück zu Hause mache ich noch eine Flasche Prosecco auf, und wir setzen uns auf das Sofa, um den ereignisreichen Tag ausklingen zu lassen.

»Übermorgen früh geht dein Flug. Wie geht es dann weiter?«, will ich wissen.

Sven nimmt einen großen Schluck und dreht anschließend gedankenverloren an seinem Glas, so, als müsse er überlegen, was er preisgeben will von seinen Plänen.

»Ich will mir in Schweden etwas Dauerhaftes aufbauen. Ich bin das Nomadenleben leid und möchte endlich sesshaft werden«, meint er leise. »Weißt du, ich war viele Jahre im Ausland unterwegs. Jetzt möchte ich in meinem Heimatland leben.«

»Aber du bist doch auch Amerikaner, hast du mir erzählt«, werfe ich ein.

»Ja, stimmt. Aber im Moment ist mir Schweden am vertrautesten. Nach dem Flop in Alaska möchte ich dort wieder durchstarten.«

Ich schmiege mich an ihn, ganz vertraut.

»Es ist schön, dass du dich nicht unterkriegen lässt.«

»Würdest du das denn?«, fragt mich Sven.

»Ich gebe nie auf«, antworte ich selbstbewusst.

Er legt seine Hand auf meinen Arm und sieht mir unerwartet tief in die Augen. »Weißt du, das ist das, was ich an dir mag. Das ist das, was dich so besonders macht: Du gibst nie auf. Du bist eine wunderbare Frau!«

Eine Sekunde lang halte ich meinen Arm ganz still. Mein Herz pocht, und ich spüre, dass zwischen uns etwas Großes wächst. Doch was kann daraus werden? Ich lebe in Basel, habe hier meine Existenz. Was soll ich mit einem Mann im hohen Norden? Am Polarkreis? Das kann nicht gut gehen.

Mit einem Ruck ziehe ich meinen Arm weg. »Du, es ist spät, und morgen ist unser letzter gemeinsamer Tag. Ich mache mich bettfertig.«

Sven nimmt noch einen großen Schluck Prosecco.

»Stimmt, das habe ich ganz vergessen. Aber ich muss ja auch los. Komm, lass uns schlafen gehen.«

Und während ich mir die Haare hochbinde und das Bettzeug für ihn hole, der brav auf seiner Matratze schläft, höre ich im Hinausgehen seine tiefe Stimme: »Lotti, besuch mich bitte in Schweden, ich wünsche mir nichts mehr.«

Ein Satz, der mich direkt ins Herz trifft. Ich könnte jetzt zu ihm zurückgehen – und dann begänne ein Hollywood-Film.

Aber ich will das nicht. Ich will mein Herz nicht in einer aussichtslosen Beziehung verlieren.

»Schlaf gut«, sage ich leise.

Kaum im Bad angekommen, muss ich mich auf den Rand der Wanne setzen: Hier passiert etwas, das mich aus der Bahn wirft.

Sonnenlicht um Mitternacht
und Glück ist ganz leicht

»Wenn man ganz fest an etwas glaubt, wird es wahr«, sagte meine »Grosi« Martha immer, als ich ein kleines Mädchen war. Richtig abgenommen habe ich ihr das nie. Aber jetzt weiß ich, dass es stimmt.

Ich lande in Kiruna, der nördlichsten Stadt Schwedens, und es ist einer dieser herrlichen Sommertage mit Temperaturen um die zwanzig Grad. Schon vom Flugzeug aus konnte ich das üppige Grün der Waldlandschaft sehen. Sven hatte mir das schöne Wetter angekündigt, aber ich vermochte mir diese bizarre Schönheit der Polarlandschaft partout nicht im satten Sommergrün vorzustellen. Jetzt weiß ich: Es ist traumhaft!

Mit klopfendem Herzen laufe ich über das Rollfeld, blinzle in die Sonne und werde gleich den Mann wiedersehen, an den ich in den vergangenen Wochen mehr oder weniger ununterbrochen gedacht habe.

Nach Svens Abreise wollte ich standhaft bleiben, ihn einfach als netten Flirt abhaken, aber es hat nicht geklappt. Ich bin mit seinem Bild im Kopf zu Bett gegangen, und wenn ich morgens aufwachte, haben mich seine braunen Augen schon wieder angestrahlt. Er hat mich ins Büro begleitet, zu Meetings und zu Einkäufen, und sooft es ging, habe ich ihn angerufen und ein kleines Vermögen dafür ausgegeben, seine Stimme zu hören.

Gedanken haben mir irgendwann jedoch nicht mehr gereicht. Ich musste ihn wiedersehen, unbedingt – und gleich ist es so weit.

Das Flughafengebäude ist winzig. Ich sehe ihn sofort hinter der Absperrung stehen, und das Bild trifft mich direkt ins Herz. Sven, der ruppige, bockige, unbezwingbare Hüne steht da, fast schon schüchtern, und strahlt mich glückselig an. Sein Blick ist warm und voller Liebe. Es stimmt, ich glaube ihm jedes Wort, er wünscht sich nichts mehr, als mich bei sich zu haben.

Augenblicke später brechen in mir alle Dämme. Ich schmiege mich an seine breite Brust, spüre die Wärme seiner starken Arme und bin mir jetzt sicher, dass es die Arme sind, in die ich gehöre.

Auf dem Parkplatz steht Svens altes Auto, und damit fahren wir auf der einzigen Straße der Region, der E10, Richtung Gällivare. Die Birken am Straßenrand sind eingepackt in dicht gewachsene lindgrüne Blätter, es sprudeln überall kleine Bäche aus dem Boden, und zwischendurch glitzern tiefblaue Seen, an deren Ufern vereinzelt kleine rot, blau und weiß angestrichene Häuschen stehen. Es ist ein Paradies. So hätte ich mir Lappland niemals vorstellen können. Es ist so anders als im Winter, wenn alles wie von einer dicken Schneedecke überzuckert wirkt, aber genauso faszinierend.

Wir fahren fast eine Stunde durch die nahezu menschenleere Natur, nur einmal kommt uns ein Wagen entgegen. Sven nutzt die entspannte Fahrt, um immer wieder nach meiner Hand zu greifen. Liebevoll drückt er sie, und ab und zu küsst er meine Finger.

»Und soll das nun alles gewesen sein. Das bisschen Fußball und Führerschein. Das war nun das donnernde Leben,

eben«, singe ich leise, und dann blinzle ich Sven an, bevor ich weitersinge.

»*Ich will noch ein bisschen was Blaues sehen. Und will noch ein paar eckige Runden drehen. Und dann erst den Löffel abgeben, eben.*«

»Schöner Text. Er scheint dir nicht aus dem Kopf zu gehen«, meint Sven lächelnd. »Und? Drehst du die ›eckigen Runden‹ mit mir?«

»Abwarten«, frotzle ich. »Zumindest erwartet mich an deiner Seite das Abenteuer, wenigstens zwei wundervolle Wochen lang.«

»Nicht nur das Abenteuer. Mit mir wird das Leben ›donnern‹, glaub mir«, versichert mir Sven und stupst mir beim Fahren liebevoll an die Nase.

Mein Sven, er ist so süß, und es werden bestimmt die schönsten zwei Wochen meines Lebens.

Aber erst einmal heißt es schleppen. Den Wagen muss Sven auf einer Kiesfläche abstellen, und dann geht es zu Fuß »nach Hause«. Fünf Kilometer lang müssen wir mein Gepäck und die von ihm eingekauften Lebensmittel über einen kleinen Schotterweg tragen. Damit nicht genug, auch das von Sven angekündigte Flüsschen ist nach ein paar regenreichen Tagen recht stattlich, die Minifähre wackelig, und als wir fast auf der anderen Seite sind, rutsche ich aus und lande bis zu den Knien im Wasser.

»Du sollst doch nicht schwimmen«, macht Sven sich jetzt lustig, bevor er mich mit seinen starken Armen und einem kräftigen Schwung ans Ufer hebt. Und dann kommt, was ich am meisten liebe: Wir küssen uns, wild und leidenschaftlich, und mir wird so warm, dass ich meine pitschnassen

Hosenbeine auch bei den mittlerweile frischen Temperaturen nicht mehr spüre. Ich liege in seinen Armen und wünsche mir nur, dass dieser Moment nie mehr aufhört.

Als wir uns voneinander lösen, streicht Sven mir zärtlich eine Strähne aus der Stirn, sieht mir tief in die Augen und flüstert: »Ich kann dir gar nicht sagen, wie froh ich bin, dass du gekommen bist.«

Wir packen unsere Sachen zusammen und stiefeln Händchen haltend weiter. Der schlechte Schotterweg, der zunehmend kühle Wind, der schwere Rucksack, all das macht mir nichts mehr aus. Ich bin verliebt und sehe nur noch ihn. Es ist ein Rausch, der alles um mich herum wegblendet. Ich kann mich nicht erinnern, schon einmal so glücklich gewesen zu sein!

Und schließlich sind wir da, in Svens Reich, das jetzt unser Liebesnest wird. Es ist klein, einfach, mehr eine Hütte als ein Haus. Wir haben kein fließendes Wasser, aber zum Glück Strom, denn es gibt draußen einen Minigenerator. Waschen können wir uns in der Sauna am Haus, müssen aber vorher das Wasser vom See hochschleppen. Doch ich empfinde all das nicht als Unbequemlichkeit. Sven ist da, und darum geht es auf dieser Reise.

Ich will nicht mehr denken, »was wäre, wenn«, und mir keine Gedanken machen, wie ich künftig leben will. Ich will den Moment leben, mich einfach fallen lassen in diese Liebe am Ende der Welt. Das, was ich erleben darf, ist ein Geschenk des Schicksals, und ich will jede Sekunde mit jeder Faser meines Herzens genießen. Es ist die »eckige Runde«, nach der wir uns alle im Leben sehnen, besonders wenn man, wie ich, den 40. Geburtstag eben gefeiert hat.

Aber Sven wäre nicht Sven, wenn er nicht noch eine Riesenüberraschung für mich parat hätte. Nach einer kurzen Hausbesichtigung nimmt er meine Hand: »Komm, es wartet noch jemand auf dich!«

Ich bleibe eine Sekunde lang ungläubig stehen. Dann ist der Groschen gefallen. »Sie ist da? Stimmt's? Ich habe es so gehofft«, juble ich. »Zeig mir, wo sie ist. Du hast Sissy und die anderen Hunde schon geholt. Oh, Sven, das ist so schön.«

Und dann laufe ich hinaus vor das Haus und sehe hinter einer kleinen Hecke schon die Hundehütten, und vor einer liegt, ganz entspannt, meine Sissy und träumt in der Sonne.

Ich bin mit wenigen Sätzen bei ihr, drücke sie fest und schmiege mich in ihr Fell. »Meine Sissy, da bist du endlich wieder. Ich bin so froh!«

»Fehlt dir jetzt noch etwas zum Glück?«, fragt Sven mich lächelnd.

Ich nicke. »Ja, ein leckeres Essen, und dann bin ich die glücklichste Frau der Welt.«

»Komm, meine Süße, wir machen einen Ausflug!«

Ich liege im Bett und sehe Sven schlaftrunken an.

»Du willst was? Zu einem Ausflug aufbrechen? Jetzt?«

Es ist kurz nach Mitternacht und in Lappland um diese Zeit taghell. Fünfzig Tage im Jahr scheint hier ununterbrochen die Sonne. Ich musste es erleben, um es glauben zu können!

Sven ist schon komplett angezogen. Er steht am Schrank, stopft gerade eine Jacke in seinen Rucksack, zurrt ihn zu und streckt mir seine Hand entgegen.

»Frag doch nicht immer, komm einfach«, meint er, greift jetzt nach meinem Handgelenk und zieht mich mit einem Ruck hoch. »Du wolltest doch ›Leben im Leben‹, das singst du doch so gern. Willst du nur davon singen oder es auch machen?«

Mit solchen provozierenden Sätzen spornt er mich an. Ich wische mir einmal mit der Hand durch das Gesicht, schüttle kurz den Kopf und springe auf.

»Gib mir fünf Minuten, dann bin ich startklar.«

Wir wandern zwei Stunden, und es sind Stunden, die ich nie vergessen werde. Wann geht man denn bei uns in der Schweiz schon um Mitternacht wandern? In Lappland ist das im Juli wie selbstverständlich möglich. Es ist nicht nur taghell, nein, es scheint sogar die Sonne. Wir spazieren gut gelaunt durch den Wald, und die Vögel begleiten uns mit ihrem fröhlichen Gezwitscher in den beginnenden Tag.

Auf einer Lichtung möchte Sven eine Pause machen und legt eine Decke ins üppige Gras. Er holt Teebecher und eine Kanne aus dem Rucksack, dazu Käse und Brot.

»Ein Picknick, das ist ja klasse«, juble ich überrascht und will gerade die Teekanne öffnen, als Sven seine Hand auf den Verschluss legt und »Nichts da« murmelt. »Das brauchen wir zur Stärkung, später«, zwinkert er mir zu. Dann lehnt er sich zurück und breitet einladend seine Arme aus.

»Komm, Prinzessin«, säuselt er, und seine Augen blitzen voller Begierde. Ich zögere nicht, lasse den Tee nur zu gern stehen und sinke auf seinen muskulösen Körper. In dieser Nacht, unter der milden Sommersonne Lapplands, erlebe ich ungeahnte Augenblicke voller Zärtlichkeit und Lust.

Später liege ich in seinen Armen und nippe entspannt an meinem Tee. Sven albert mit mir herum, schiebt mir abwechselnd Käse und Brot in den Mund.

»Ich muss dich stärken, Prinzessin, sonst schaffst du den Aufstieg auf unseren Hausberg, den Avvakko, nicht mehr.«

Ich spiele mit und schnappe nach den Häppchen, die er mir in wechselnden Abständen hinhält. Alles ist so herrlich unbekümmert, wir lachen zusammen, erzählen uns Anekdoten aus unserem Leben, und ich fühle, was es heißt, sich wirklich nah zu sein.

Es gibt hier nur uns und jede Menge Rentiere, und ich schreibe ein komplett neues Drehbuch meines Lebens. Endlich habe ich das Gefühl, mit dem Glück Hand in Hand zu gehen.

»Bleibst du?«, fragt Sven in diese Stimmung hinein. Ich sauge die klare Luft ein – und muss ihm die Antwort schuldig bleiben.

Denn ich weiß es nicht.

Ich komme wieder, das ist klar. Ich kann diesen wunderbaren Mann nicht mehr vergessen.

Aber bleiben, für immer, das ist eine Entscheidung, die mag ich nicht auf einer Decke morgens um halb vier treffen. Ich weiß überhaupt nicht, ob ich sie treffen kann. Vor meinem geistigen Auge tauchen meine Entwürfe auf, meine Kollegen, die Freunde, Kippel, meine Familie.

»Lass uns den Berg besteigen, komm, wir müssen machen, statt reden, das sind doch deine Worte«, flachse ich und beginne, unsere Sachen zurück in den Rucksack zu packen, damit wir rasch wieder loskönnen.

Sven spricht in den nächsten Tagen nicht mehr davon, wie es mit uns weitergehen kann. Er ist nur der beste und liebevollste Mann, den ich mir vorstellen kann. Er bringt mir morgens heißen Tee ans Bett, kocht mir Polenta mit Gemüse auf dem Außenfeuer, legt mir die Decke um die Schultern, wenn ich auch nur eine Sekunde fröstle. Wir gehen regelmäßig mit Sissy spazieren, und er zeigt mir dabei die Natur. Ich lerne die Kunst der Spurensuche und Orientierung, kann bald die wichtigsten Gräser, Moose und Flechten erkennen und lerne viel über das Wesen der Huskys, die wir beide so lieben. Sie sind wild und ungestüm, zugleich auch so lieb und »schmusig«, genau wie mein Sven.

Am Abreisetag kullern die Tränen. Hinter mir liegt die vielleicht schönste Zeit meines Lebens, und als ich morgens Sissy mal wieder Adieu oder jetzt in Schweden »hej då« sage, brennt der Abschiedsschmerz wie Feuer in mir.

Wir zuckeln in Svens Auto zurück zum Flughafen, und ich bekomme vor lauter Beklommenheit keinen Satz mehr heraus. Ich mag mir nicht vorstellen, an diesem Abend ohne ihn ins Bett zu gehen. Ohne ihn einzuschlafen, seinen Atem nicht mehr zu hören und morgens ohne seine Küsse wach zu werden. Kann ich so leben? Wie wird es sein, wenn mich Sissys braune Augen nicht mehr anstrahlen?

»Wann sehen wir uns wieder?«, bohrt Sven genau in diese klaffende Wunde. Und dann kommen Sätze, die mein Herz streicheln: »Ich will nicht ohne dich sein. Ich kann das hier alles nur genießen, wenn du bei mir bist. Ohne dich fühle ich mich nicht mehr ganz.«

»Wir müssen leider auf Ihre Mitarbeit verzichten!«

Peng! Ein Satz wie ein Paukenschlag. Ich sitze im Büro meines Vorgesetzten, einem etwas rundlichen Mann Mitte fünfzig, mit halblangem, grau meliertem Haar und feuerroter Brille, und kann nicht glauben, was er mir gerade sagt.

Ungläubig sehe ich ihn an.

»Heißt das, ich bin gefeuert?«, schlussfolgere ich.

Luis Hofer sieht betreten auf die Papiere, die auf seinem Schreibtisch großflächig ausgebreitet liegen, und dreht nervös an seinem Kugelschreiber. »Ja, wenn Sie es so ausdrücken möchten!«

Luis und mich verbindet eine lange gemeinsame berufliche Geschichte. Seit Jahren sind wir ein gut funktionierendes Team. Er hat mich zweimal zu guten Konditionen eingestellt, mir freie Hand versprochen und sein Versprechen auch eingehalten. Es gab nie Streit zwischen uns, und für mich war er gerade während meiner zweiten Phase im Unternehmen mehr Freund als Chef.

Ich kann deshalb nicht glauben, dass ausgerechnet er mich vor die Tür setzt.

»Und das wegen ein paar Fotos?«, hake ich ungläubig nach.

»Wegen eines Fotos von Ihnen, ja«, betont er. »Ein Foto, das so völlig konträr zu dem ist, für was dieses Unternehmen steht!«

»Herr Hofer«, antworte ich aufgebracht und spreche ihn ganz bewusst mit seinem Nachnamen an. Ich will Distanz.

»Ich habe in unserer Personal-Zeitschrift über meine Lapplandreise berichtet. Ich glaube nicht, dass ein Aufenthalt in Skandinavien etwas Unseriöses ist«, versuche ich mich zu wehren.

»Das stimmt, aber das besagte Foto von Ihnen war …«, er räuspert sich, sucht nach einem passenden Begriff, »sagen wir, nicht ganz ›ästhetisch‹. Unsere Mode steht aber für Ästhetik. Für Ästhetik, Luxus und Eleganz. Sie waren einfach …«, wieder sucht er nach einem passenden Wort. »Ich bin vorsichtig, sagen wir, ›sehr lässig‹ zurechtgemacht. Das hat für Missmut bei einigen in unserer Chefetage gesorgt.«

»Missmut? Wieso? Ich kuschle auf dem Foto mit einem Husky, was ist dabei? Und in der Wildnis sieht man eben anders aus als auf einer Modemesse. Ich werde das Gefühl nicht los, dass Sie nach einem Grund suchen, mich loszuwerden.«

»Ich nicht«, sagt Luis Hofer jetzt offen. »Aber der Besitzer meint, Sie passen aufgrund ihrer neuen Lebensphilosophie nicht mehr zu uns.«

»Meine Lebensphilosophie? Wie sieht die denn Ihrer Meinung nach aus?«

»Nun ja, die ganze Gestaltung Ihres Büros geht nicht mehr konform mit dem, wofür wir stehen.«

»Meinen Sie meine Tierfotos an der Wand? Das ist doch lächerlich!«

»Nicht nur die. Die ganze Dekoration ist ziemlich alternativ, für uns zu wild.«

Ich war mein ganzes Leben lang spontan, sage, was ich denke, und manchmal drücke ich das auch etwas undiplomatisch aus. Natürlich hätte ich jetzt klein beigeben und um meinen Job betteln können. Aber das will ich nicht. Ich weiß, dass meine Abteilung gut arbeitet, die Kollektion bei den Kunden ankommt und ich im Haus beliebt bin. Ich weiß aber auch, dass ich dem Chef nie wirklich sympathisch war. Er will mich loswerden und konstruiert sich einen Grund zurecht.

»Sie feuern mich, gut, aber glauben Sie ja nicht, dass ich umsonst gehe. Das wird teuer für Sie. Sonst bleibe ich, wo ich bin«, höre ich mich sagen und bin stolz, weil ich es so entschlossen herausbringe.

»Natürlich bekommen Sie eine Abfindung«, flötet er da sofort, und ich kann sehen, dass sich seine Gesichtszüge jetzt sehr entspannen. Er ist offenbar froh, diese unangenehme Angelegenheit so friedlich lösen zu können.

»Ich habe auch schon etwas vorbereitet«, fährt er fort und schiebt mir ein Schreiben herüber. »Wenn Sie hier unten unterzeichnen, können Sie sich bald auf neue Aufgaben freuen und haben zugleich noch ein kleines finanzielles Polster.«

Ich blicke auf die Zahl und bin erfreut, lasse mir aber nichts anmerken. Die Summe ist angemessen, und ich habe keine Angst, lange arbeitslos zu bleiben. Ich lehne das Wort

Angst sowieso ab, lasse es in meinen Gedanken gar nicht zu. Mit Angst löst man keine Probleme, sondern schafft sich nur Blockaden. Ich bemühe mich immer, positiv zu denken. Die Konkurrenz nimmt mich mit Handkuss, und dann kann ich da weitermachen, wo ich aufgehört habe. So stelle ich mir das jedenfalls vor.

Doch auf dem Nachhauseweg kommen mir plötzlich Zweifel daran, ob es überhaupt so weitergehen soll. Mit der Kündigung steht mir demnächst alles offen. Ich kann weiter in Basel arbeiten, aber auch in Zürich, New York oder Mailand. Irgendwo auf der Welt kann ich weiter an meiner Karriere schrauben. Oder ...

Ich bin plötzlich unsicher. Oder? Ja, es gibt eine Alternative. Ich kann auch etwas ganz anderes machen und dahin gehen, wohin mein Herz mich zieht: zu Sven!

Das ist es!

Plötzlich ist alles ganz leicht. Ich bin frei, und in Schweden warten meine große Liebe und ein wunderbarer Hund auf mich.

Ich spüre seit meiner letzten Reise, dass diese Liebe mehr ist als ein kribbeliger Urlaubsflirt. Sie ist groß und stark und wird alles überwinden, was sich ihr in den Weg stellt. Es ist für immer!

Der Moment zu gehen ist richtig gut. Ich habe bald etwas Startkapital auf dem Konto. Besser geht's nicht. Das Glück ist endlich zum Greifen nah, und ich muss nichts weiter tun, als zuzugreifen.

In dieser Nacht schlafe ich nicht. Ich gehe unruhig in meiner Wohnung auf und ab, und in meinem Kopf rumort es. Ich wäge alles ab, weil ich mit vierzig Jahren keinen Fehler machen will. »Da muss noch Leben ins Leben«, singt Erika Pluhar wieder in meinem Kopf. Aber wie kann das aussehen?

Sven hat häufig davon gesprochen, dass ich mich selbstständig machen solle. »Du hast das Zeug dazu, dir etwas Großes aufzubauen«, hat er mehrmals gesagt. »Du bist stark, klug, diszipliniert. Und du hast keine Angst. Ideal für ein eigenes Business.«

Und warum soll das nicht in Schweden sein? Ich kann hier alles hinwerfen, nicht nur den Job in Basel. Ich kann meine Wohnungen kündigen, auswandern, mich in einem fremden Land selbstständig machen und beruflich unabhängig sein. Meine Güte, ist das verlockend!

Ich hatte ja schon einmal an meiner Selbstständigkeit gearbeitet, bis mein Kollege damals Angst bekam und alles abblies. Die Enttäuschung darüber sitzt mir immer noch in den Knochen. Ich glaube, ich werde sie erst los, wenn ich mir etwas anderes erfolgreich aufgebaut habe.

Ich könnte mich aber auch mit Sven geschäftlich zusammentun und das Geld in den Aufbau der Lodge stecken. Wir könnten so schneller Touristen nach Schweden holen und Touren mit dem Hundeschlitten anbieten. Die Zeit ist gut. Warum noch warten?

Sven hat recht, die Lage des Hauses ist einmalig für so ein Projekt. Mir würde das auch Spaß machen. Ich liebe Hunde, und ich liebe Menschen. Es passt.

Sven, ich komme! Die Entscheidung steht.

Nach einer in Windeseile verrauschten Nacht rufe ich ihn an, erzähle, was passiert ist und dass ich wirklich zu ihm käme, für immer.

»Du machst mich zum glücklichsten Mann der Welt«, flüstert er in den Hörer, und mir kullern vor Freude über seine neuerdings gezeigte romantische Ader die Tränen übers Gesicht.

Und Sven hat gleich auch noch eine Nachricht, die mich aufhorchen lässt.

»Aber auf das bisschen Geld von der Abfindung sind wir nicht angewiesen. Ich wollte bislang nicht darüber sprechen, weil ich nicht wegen meines Vermögens geliebt werden will. Aber jetzt, wo ich weiß, dass du mich auch liebst, wenn ich arm bin, kann ich dir die Wahrheit sagen: Mein Großvater hat Anteile an einer Goldmine in Alaska, und ich bekomme regelmäßig Auszahlungen. Bald werden wieder die Zinsen fällig, und damit starten wir durch, mein Schatz.«

Goldmine, Zinsen, Vermögen. Mir schwirrt der Kopf. Jetzt ist Sven auch noch wohlhabend. Wie ein Puzzle setzen sich seine Erzählungen in meinem Kopf zu einem großen Bild zusammen. So langsam verstehe ich, worum es hier geht. Er ist etwas ganz Besonderes.

Seit einer Woche ist Sven wieder bei mir in der Schweiz, und wir organisieren meine Abreise. Auf Svens Drängen hin erfülle ich meinen Arbeitsvertrag nicht mehr, sondern reise vorzeitig ab. Die Firma hat es akzeptiert, mir zwar anteilig Geld abgezogen, aber das war Sven egal. »Die paar Franken spielen keine Rolle«, hat er gemeint und meine letzte Gehaltsabrechnung gleich zerrissen. »Das brauchst du jetzt nicht mehr. Du bist frei und kannst dir aussuchen, in welches Unternehmen du deine Ideen investieren möchtest. Wir haben die Lodge, aber wir haben noch viel mehr. Vertrau mir, und lös dich von diesen alten Zöpfen.«

Er hat ja so recht. Ich muss nach vorn sehen. Was hinter mir liegt, ist ein für alle Mal vorbei, und so wickle ich im Eiltempo mein altes Leben ab. Um meine Wohnung muss ich mich nicht kümmern. Mein kleiner Bruder Andre übernimmt sie und ist froh, in mein schönes Nest einziehen zu können. Im Mietvertrag für Kippel löst mich Ursula ab, und so fügt sich alles innerhalb kürzester Zeit.

Ich packe nur, was ich unbedingt bei mir haben möchte. Meine Möbel lasse ich im Container schicken. Persönliche Sachen wie Bilder und Erinnerungen packe ich in Kartons, um sie im Auto mit hoch nach Schweden zu nehmen.

Berufliche Pläne haben wir reichlich. Auf jeden Fall steigen wir in den Tourismus ein, das ist klar. Wir wollen aber nicht nur Gäste für Hundeschlitten-Touren haben, sondern eigene Übernachtungsmöglichkeiten anbieten.

Unser Plan ist es, Svens kleines Haus zu einer großzügigen Lodge auszubauen, mit einem je nach Jahreszeit maßgeschneiderten Programmangebot. Die Urlauber können mit uns leben, lecker essen, im Winter und Sommer die herrlichen Hunde und die Natur genießen.

Aber Sven erwartet so viel Geld, dass er auch darüber hinaus noch investieren möchte. »Stockholm ist ein Tourismus-

Hotspot. Ich möchte ein Restaurant dort eröffnen«, präsentiert er mir eine weitere Idee und ist bereits gut vorbereitet. »Ein Ladenlokal habe ich schon gefunden, in einer Eins-a-Lage.« Konkret in der berühmten Kungsgatan, auf Deutsch der »Königsstraße«. Den passenden Geschäftsführer hat er bereits eingestellt. Der Arbeitsvertrag ist schon unterschrieben. Was jetzt fehlt, ist ein Wagen, denn der ist Bestandteil des Vertrags.

Sven entscheidet sich für einen roten Volvo, den er direkt in unserem Basler Autohaus bestellt. Der Wagen ist rot, bestens ausgestattet und kostet ein kleines Vermögen. Aber Sven möchte ihn unbedingt haben und besteht vor Ort darauf, den Kaufvertrag sofort fertig machen zu lassen.

Mir schwirrt ein bisschen der Kopf. Sven hat ständig neue Ideen. Er spricht auch von einem Kino und einem Transportunternehmen. »Aber *step by step*«, sagt er zum Glück und bremst sich selbst ein bisschen. »Jetzt kümmern wir uns erst einmal um unser gemeinsames Leben.«

Ich bin froh und kann es kaum mehr erwarten, mit ihm durchzustarten. Wir feiern meinen Abschied in einem Lokal mit der Familie und Freunden, aber leider ist auch diese Zusammenkunft alles andere als ein fröhliches Fest. Meine Geschwister lehnen Sven ab. Er ist ihnen »zu undurchsichtig«, wie alle durch die Bank glauben, mir mitteilen zu müssen. Selbst meine Mutter, die sich seit Jahren nicht mehr in mein Privatleben eingemischt hat, meint, mir etwas über Sven sagen zu müssen.

»Finger weg«, lautet ihr knapper Kommentar. »Der Kerl ist gefährlich!«

Es wird mächtig getuschelt, und Sven fühlt sich entsprechend unwohl. Dieses Mal haut er aber nicht mit großem Getöse ab, sondern wir bringen den Abend geordnet zu Ende. Ich will meine Familie im Guten zurücklassen, das habe ich Sven auch gesagt. Ich brauche nicht unbedingt ihre Zustimmung, aber zumindest wünsche ich mir eine gewisse Toleranz für meine Entscheidung. Darum bitte ich sie, und sichtlich schweren Herzens halten sie sich entsprechend zurück und lassen mich »in Frieden« ziehen.

Kurz vor unserer endgültigen Abreise wird es allerdings noch einmal chaotisch. Svens Bank hat schlampig gearbeitet. Aufgrund eines Rechnerfehlers kann er nicht über so eine große Summe, wie für den Autokaufpreis nötig, verfügen. Sven bittet mich, für ein paar Tage einzuspringen und die Anzahlung für das Auto zu übernehmen. Es muss auch auf meinen Namen zugelassen und versichert werden. Ich habe kein Problem damit, die Abfindung ist längst da, ich kann das abdecken, und wenn wir in Stockholm sind, bekomme ich ja alles zurück.

Stockholm ist traumhaft schön. Sven zeigt mir die malerische Altstadt, die mich mit ihren vielen Kanälen an Venedig erinnert. Die Menschen sind unkompliziert und weniger formell als in der Schweiz. Ich fühle mich wohl. Einziger Wermutstropfen ist die Sprache. Ich verstehe kein Wort, wenn Sven sich unterhält, und mag es nicht, ständig wie ein kleines Dummchen danebenzustehen. Natürlich könnten alle Englisch mit mir sprechen, aber das lässt Sven nicht zu.

»Es ist meine Muttersprache, das musst du doch verstehen«, entschuldigt er sich und tröstet mich damit, dass ich Schwedisch schnell lernen werde.

Wir schlafen bei Svens Vater, der in einem bescheidenen Haus am Stadtrand lebt. Sune, ein kräftiger Mann mit freundlichem Lächeln, empfängt mich allerdings etwas distanziert. Sven bleibt mir die Erklärung nicht schuldig: »Er hat meine Mutter kurz vor ihrem Tod wegen einer anderen verlassen. Sowohl mein Großvater als auch ich haben ihm das nicht verziehen. Seitdem leben wir jeder eher für sich. Die Affäre steht einfach zwischen uns.«

Ich verstehe zwar nicht, worüber sich die beiden unterhalten, spüre aber deutlich die beiderseitige Skepsis. Statt Offenheit und Zuneigung herrschen Argwohn und Zweifel vor. Aber ich will nicht in Svens alten Wunden bohren und halte mich zurück. Ich bin freundlich, lächle und warte, dass unsere gemeinsame Familienzeit hier vorübergeht.

Wir bleiben insgesamt drei Tage und sehen uns in der Zeit auch das Restaurant an, das Sven angemietet hat. Wir treffen uns mit dem Geschäftsführer, einem ungeheuer sympathischen Mann, mit dem Sven die Feinheiten der baldigen Eröffnung bespricht und dem er auch die Auslieferung des Firmenwagens zusichert.

Ich fühle mich wie in einem Märchen. Plötzlich geht es nicht mehr nur um »Schaffen« und »Raffen«, wie meine Muse Erika Pluhar singt. Es gibt mehr als Langeweile und Alltagseinerlei. Mein Leben nimmt jetzt jeden Tag mehr Fahrt auf, und kein Tag ist wie der andere. Sven ist eben anders als alle Männer, die ich bisher kannte. Er will keine Routine, er wagt Neues, er redet nicht, er macht einfach. Und ich bin dabei, an seiner Seite, und jeden Tag, ach was, jede Stunde wird mein Leben spannender, reicher. Ich bin ein Glückskind.

Als wir uns nach drei Tagen frühmorgens von seinem Vater verabschieden und auf die E4 fahren, liegen fast 1.400 Kilometer bis Kiruna vor uns. Wir fahren einmal längs durch dieses herrliche Land, in dem ich künftig leben werde. Meine beiden Katzen sitzen zufrieden auf dem Rücksitz. Ich bin selig.

Alles ist so weit, so unendlich. Kein Gegenverkehr und lange Straßen, die einem vermitteln, man würde bis ans Ende der Welt fahren können. Mit jedem Kilometer Richtung Norden werden die wenigen Orte noch kleiner. Die Vegetation dünnt aus. Ich halte Ausschau nach einem Elch. Von Sven weiß ich, dass ein Elch eine Schulterhöhe von über zwei Metern hat. Es muss fantastisch sein, dieses gewaltige Tier zu sehen. Ich spüre wieder dieses Gefühl von Ruhe und Gelassenheit, das ich auch bei meinen anderen Aufenthalten hier oben hatte. Der Blick in diese überall unberührte Natur vermittelt mir Freiheit. Ich bin glücklich.

Im Radio dudelt schwedische Musik, und ich versuche, mich auf den Klang einzustellen. Ich will diese Sprache so schnell wie möglich beherrschen, um den Menschen hier nahezukommen und ihr Lebensgefühl zu teilen. Ich werde mir in diesem wunderschönen Land etwas aufbauen. Mit Sven an meiner Seite traue ich mir alles zu.

Die Schweiz liegt hinter mir. Ich kehre nicht mehr dorthin zurück. Sven hat recht. Die Enge, die Beschaulichkeit, das Zaudern passen nicht mehr zu mir. Man klagt, aber ändert nichts. Man hat nicht mal den Mut, etwas zu wagen. Die Mächtigkeit der hohen Berge sorgt dafür, dass sich die Menschen klein und ausgeliefert fühlen. Ich kann mich woanders besser beweisen. Weite macht mutig und erfinderisch. Ich erfahre es gerade am eigenen Leib. Zurück? Niemals!

Heute so und morgen ganz anders
und noch mal von vorn

»Das verstehe ich nicht. Mein Lebensgefährte hat mir erst gestern erzählt, dass alles bezahlt sei. Ist denn ein Irrtum ausgeschlossen?«

Zum zweiten Mal innerhalb einer Woche habe ich den Eigentümer der Stockholmer Immobilie am Telefon. Angeblich hat er immer noch keine Pacht für das von Sven angemietete Restaurant bekommen. Nach dem ersten Telefonat habe ich Sven sofort über die ausstehende Zahlung informiert, und er wollte sich umgehend darum kümmern. Warum hat er das denn nicht erledigt?

Seit drei Monaten lebe ich jetzt in meinem Paradies, aber zur Ruhe komme ich nicht. Wir stecken ständig in Turbulenzen. Sven rechnet seit Langem mit seinen Zinszahlungen aus Alaska, wird aber immer nur vertröstet. Mittlerweile summieren sich die ausstehenden Forderungen. Nicht nur der Vermieter aus Stockholm macht Druck, auch der Volvo-Händler will sein Geld, und der bereits angestellte Geschäftsführer des Lokals ruft ständig an, weil er nicht weiß, wie es weitergeht. Er hat einen Arbeitsvertrag unterschrieben und hängt völlig in der Luft. Und zu allem Ärger hat auch noch die Bank die Raten für das Haus schon angemahnt.

Aber Svens Konto ist tiefrot und spuckt schon seit unserer Abreise in der Schweiz kein Geld mehr aus.

»Du übernimmst noch die Kosten für die Fahrt, und wenn wir in Kiruna sind, brauchst du kein Portemonnaie mehr in die Hand zu nehmen«, hatte er mir in Basel zwar versprochen, aber aufgrund der ausstehenden Zinszahlungen aus Alaska kam alles ganz anders.

Ich habe das Portemonnaie gar nicht mehr aus der Hand legen können. Ich zahle nämlich alles, aber langsam schwinden meine Reserven. Ich habe bislang unseren kompletten Lebensunterhalt übernommen und sämtliche Anschaffungen beglichen. Mit meinem Geld konnten wir uns hier oben gut einrichten, wir haben ein paar schöne Möbel gekauft und uns mit allem Nötigen ausgestattet. Aber diese Riesenforderungen, die jetzt überfällig sind, kann ich nicht stemmen. Zumal ich die Anzahlung für den Wagen auch nicht zurückbekommen habe. Sven muss dringend sein Geld aus Alaska besorgen, und ich mache Druck, dass er nachhakt, aber gebracht hat es bis jetzt nichts.

Mittlerweile bin ich schon sehr beunruhigt. Wir können das Problem nicht einfach aussitzen. Wir haben keinerlei Einnahmen, und wenn Sven nicht an sein Geld kommt, werden wir hier oben nicht überleben können und irgendwann zwangsläufig auf der Straße oder besser in der Wildnis landen.

Gut, das Leben hier in der Natur ist natürlich preiswerter als in der Schweiz. Wir heizen mit Brennholz und produzieren den Strom selbst. Teure Freizeitaktivitäten sind nicht möglich, weil es keine Restaurants, Kinos und Theater gibt, und für Kleidung, Make-up und Parfüm gebe ich auch nichts mehr aus. Sven hasst Schminke und das ganze Schickimicki-Theater sowieso. »Das passt nicht in die Wildnis«, sagt er immer, und ich finde, dass er recht hat.

Ich brauche nur noch Jeans, Pulli und Wollstrümpfe, dazu je nach Wetter Gummi- oder Schneestiefel, Anorak und Mütze.

»Du glaubst gar nicht, wie viel Zeit man spart, wenn man sich über Äußerlichkeiten keine Gedanken mehr machen muss«, habe ich erst vor Kurzem meiner Schwester Sonja am Telefon vorgeschwärmt. Aber sie fand das alles nur »schräg« und hat meine Aussage gleich als Steilvorlage genutzt, um über Sven herzuziehen. »Ja klar, meine modebegeisterte, Paris erprobte Superschwester ist neuerdings auf Gummistiefel-Style aus. Dein merkwürdiger Goldminen-Millionär hat dir ja eine regelrechte Gehirnwäsche verpasst.«

Ich habe dann das Gespräch schnell beendet. Es hat keinen Sinn. Meine Familie hat Sven auf dem Kieker, und umgekehrt ist es genauso. Er ist auch froh, wenn er niemanden von ihnen zu Gesicht bekommt.

»Die sind in ihrer kleinen Welt zu Hause«, ist immer sein Totschlagargument. Er ist der Kosmopolit, der alles kennt und in großen Dimensionen denkt. Er kann sich nicht mit den »Schweizer Kleingeistern« abgeben.

Ich stehe dazwischen, und weil das auf Dauer nicht geht, habe ich mich entschieden, zu Sven zu halten. Wir lieben uns, und ich lebe mit ihm. Wir müssen mit einer Stimme sprechen, sonst hat unsere Beziehung keine Chance.

Ich kann aber auch nicht die Augen vor den Realitäten verschließen. Wir müssen unbedingt miteinander reden und überlegen, wie es mit uns hier oben finanziell weitergehen kann. Wochenlang haben wir unseren Neustart intensiv geplant, und jetzt fliegen uns all die schönen Pläne um die Ohren.

Ich sehe auf die Uhr. Sven ist schon seit Stunden zum Fischen weg. Ich weiß im Moment nicht mehr, wie sich das hier alles zum Guten wenden soll.

Als er endlich nach Hause kommt, sage ich erst einmal nichts. Ich muss den richtigen Moment abpassen, um ihn mit diesen immer bedrohlicher werdenden finanziellen Problemen zu konfrontieren, denn Sven ist nicht leicht zu nehmen. Das ist mein Fazit der ersten gemeinsamen Wochen, denn auch beziehungsmäßig hat mich der Alltag eingeholt. Sven kann zauberhaft lieb und zärtlich sein, keine Frage. Aber auch unbeherrscht und dann ziemlich ungehalten. Ich hatte das ja schon bei unseren Finnland-Reisen bemerkt. Wenn einer der Gäste etwas hinterfragte, wurde er schnell barsch.

Heute frage ich und werde wohl genauso abgekanzelt. Aber das muss ich eben hinnehmen. Ich kann die Klärung dieser Probleme nicht aufschieben, wir müssen reden.

Beim Abendessen ist es so weit. Im Ofen glühen Holzscheite. Auf dem Tisch dampft unser Essen. Es gibt Erdäpfel und gebratenes Fleisch. Dazu Bohnen. Hungern müssen wir zum Glück nicht. Ich habe dank meiner Abfindung einen größeren Generator sowie eine üppige Gefriertruhe gekauft und einen Riesenvorrat an Tiefkühlware anlegen können, übrigens auch für unsere Hunde. Die Ungetüme stehen hinter unserem Haus und sind vollgepackt mit Lebensmitteln und Tierfutter für die nächsten Wochen.

»Du, Sven, der Vermieter aus Stockholm hat angerufen«, versuche ich jetzt vorsichtig ein Gespräch zu beginnen. »Er meinte, die Miete sei trotz deiner Zusicherung immer noch nicht eingegangen. Kannst du dir das erklären?«

Sven möchte gerade in ein Stückchen Fleisch beißen, zögert jetzt aber damit. Langsam legt er die Gabel zurück auf den Teller und sieht mich mit funkelnden Augen durchdringend an.

»Meine Liebe, was soll die Frage?«, zischt er. »Du weißt, woran es liegt, und ich muss wirklich nichts erklären. Was soll dieses absurde Nachbohren.«

»Aber das Geld ist bisher nicht eingetroffen. Was ist, wenn es gar nicht mehr kommt?«

Das ist zu viel.

Mit einem Ruck steht Sven so heftig auf, dass der Holzstuhl nach hinten auf den Boden knallt.

»Mit deinen ständigen Zweifeln kannst du einem den Appetit verderben. Hat dich deine feine Schwester wieder angerufen? Oder eine deiner superschlauen Freundinnen? Die kennen sich natürlich aus im Goldminen-Geschäft, besser als ich, natürlich, wie immer. Wenn die dich aufhetzen, gehst du gleich wieder auf mich los.«

Er läuft aufgebracht hin und her.

»Ich bin es leid, dass ständig alles immer infrage gestellt wird«, tobt er weiter, und seine Stimme wird immer lauter. »Warum ist *das* so? Warum passiert *das* nicht? Wieso kommt kein Geld? Wieso? Weshalb? Warum? Du triefst schon vor Zweifeln. Warum bist du denn überhaupt hier, wenn du mir nicht glaubst? Warum quatschst du denn dann von Liebe?«

Ich sehe ihn beschwichtigend an.

»Sven, Liebling, bitte. Ich zweifle doch gar nicht. Ich will doch nur, dass wir das regeln.«

»Und wie?«

Sven steht jetzt direkt vor mir, stützt sich mit beiden Armen auf dem Tisch ab und kommt mir mit seinem Gesicht fast schon bedrohlich nahe.

»Soll ich das Geld herzaubern?«, fragt er, und seine Stimme klingt unglaublich zornig. »Du weißt doch am besten, dass ich mir das alles ganz anders vorgestellt habe.«

Seine Stimme bebt, so aufgebracht ist er. Er zittert jetzt vor Aufregung, und dann schnappt er sich Jacke und Stiefel und stürmt ins Freie.

Ich bleibe ratlos zurück, ratlos und auch ein bisschen verzweifelt. Ich liebe Sven, ganz sicher, mit Haut und Haaren. Aber seine Art, Probleme zu lösen, setzt mir immer mehr zu. Sven ist so lange gut gelaunt, wie er der Held sein kann. Wenn er seine Geschichten erzählt, ist er liebenswert und charmant. Aber sowie man an seiner tollen Fassade kratzt, rastet er aus, wird laut und poltert und entzieht sich damit der Situation.

Das geht jetzt schon wochenlang so, aber langsam zieht sich die Schlinge zusammen. Wir können nichts mehr aussitzen. Wir müssen bezahlen. Doch mein lieber Sven stellt sich den Problemen nicht und läuft stattdessen lieber durch die Wildnis, und ich bin genauso schlau wie zuvor.

Ratlos schiebe ich den Teller zur Seite. Der Appetit ist mir ebenfalls vergangen. Ich lebe hier am Rande der Welt mit einem Mann, der die Wirklichkeit ignoriert. Wie soll das funktionieren?

Den restlichen Abend geht es mir schlecht. Die Sorgen fressen mich auf.

Sven kommt erst nach zwei Stunden wieder zurück und ist jetzt bestens gelaunt. »Hey, meine Süße, du glaubst nicht, was ich gerade erlebt habe. Zwei Elche standen plötzlich vor mir. Ein wunderbares Bild. Liebling, du kannst dir leider nicht vorstellen, wie schön es hier draußen ist«, tönt er überschwänglich und nimmt mich zärtlich in den Arm. »Weißt du, was wir morgen machen? Wir wandern mal wieder Richtung Avvakko, du erinnerst dich an unsere letzte Wanderung?«, meint er vielsagend und zwinkert mir zu. »So ein schönes Programm sollten wir uns mal wieder gönnen. Damit du auf andere Gedanken kommst.«

Dann kramt er etwas Rentierfleisch aus der Truhe und brutzelt uns ein leckeres zweites Nachtmahl. Er ist in bester Laune, erzählt mir aus seiner abenteuerlichen Kindheit, von seiner Ankunft in Alaska, den ersten Begegnungen mit einem Grizzly, einer um Haaresbreite in einer Katastrophe endenden Kanufahrt. Sven ist wieder ganz in seinem Element und entsprechend lustig, fröhlich und zugewandt.

Meine Sorgen nimmt er mir damit allerdings nicht. Doch ich will die Stimmung nicht zerstören. Nichts ist für mich belastender, als wenn Sven meine Liebe infrage stellt und sich zurückzieht. Ich brauche ihn wie die Luft zum Atmen. Sein Liebesentzug macht mich krank.

In der Nacht liege ich lange wach und grüble. Wenn das Geld nicht kommt, muss ich mir etwas ausdenken. Eine Idee habe ich schon: Ich kann meine Pensionskasse auflösen und mein Konto damit wieder auffrischen. Mit dem Geld könnten wir endlich anfangen, die Lodge auszubauen. Allerdings müssten wir uns zeitgleich von unnötigem Ballast befreien und versuchen, aus all den voreilig abgeschlossenen Verträgen zu kommen. Der Mietvertrag für das Restaurant, der Arbeitsvertrag für den Geschäftsführer und der Kaufvertrag für das Auto, alles muss weg. Ich hoffe nur, dass Sven da mitzieht.

Am Morgen, Sven versorgt die Hunde, mache ich eine Rechnung auf. Ich stelle die Kosten für Schlitten und Zubehör zusammen und rechne aus, was wir monatlich zum Leben brauchen: Wenn wir gut einteilen, können wir es auch mit meinem Geld schaffen, endlich mit unserem Business zu beginnen.

An das Geld aus der Goldmine glaube ich sowieso nicht mehr. Ich kann mir vorstellen, dass Sven es auch nicht mehr tut, aber sich nicht traut, mir das zu gestehen. Eine mögliche Erklärung für die ausbleibenden Zahlungen hat er mir auch schon verraten. Angeblich habe einer seiner Neffen das Testament gefälscht und leite jetzt die Zinsen an sich selbst um. Ich weiß nicht, ob das stimmt, ich weiß sowieso nie, was stimmt. Aber ich weiß, wie Sven reagiert, wenn ich ihn noch einmal darauf anspreche. Es ist besser, die Situation so hinzunehmen, wie sie ist, und nach vorn zu sehen.

Verlobungsringe, die im Champagnerglas klirren, liebesselige Männer, die in unmöglichen Lebenssituationen auf die Knie fallen und völlig unerwartet rufen: »Willst du meine Frau werden?« Das sind die Bilder von Heiratsanträgen, die mir seit Jahren durch den Kopf geistern. Hollywood lässt grüßen.

Svens Antrag ist ganz anders.

Wir frühstücken unter Zeitdruck, weil bald Gäste gebracht werden, und zwischen zwei Tassen Kaffee meint er plötzlich: »Ich finde, wir sollten heiraten!«

Ich bin baff, jubele nicht sofort auf und schreie »Ja«, sondern zögere mit meiner Antwort. Nur ein paar Sekunden, aber es ist schon zu lange für Sven. Er wirft sein Brötchen, in das er gerade hineinbeißen wollte, auf den Teller zurück und stürmt aus dem Haus. Ich höre das Snowmobil anspringen, und dann ist er weg und lässt mich mit allem allein.

Die Tour mit den Gästen übernehme ich. Auf die Lodge passt in der Zeit ein Praktikant auf. Es geht, aber ich finde sein Verhalten unmöglich. Wir haben gerade einen guten Start mit unseren Schlittentouren geschafft, müssen uns jetzt aber Vertrauen erarbeiten. Da muss alles wie am Schnürchen klappen, und es ist ein Unding, dass der Eigentümer sich schmollend in eine Ecke zurückzieht. So kann man kein Geschäft aufbauen. Ich halte mich an die Spielregeln, bin für unsere Gäste da und stolz, als sie mir zum Schluss sagen, wie gut ihnen die Tour gefallen habe.

Ich fühle mich insgesamt etwas besser. Es war ein langer und harter Kampf, aus dem sich Sven übrigens komplett herausgehalten hat, aber es ist mir gelungen, aus allen Verpflichtungen herauszukommen. Bis auf ein paar Ausgleichszahlungen hatten wir keine nennenswerten Kosten. Zeitgleich hat uns mein Geld aus der Pensionskasse den Hals gerettet. Wir haben damit nicht groß angebaut, wie Sven es vorhatte, aber das Gebäude umgebaut und können jetzt in unserem »Snowtrail Dogcamp« vier Gäste unterbringen. Wir haben schon erste Touren durchgeführt und einige Buchungen für die Zukunft. Es sind kleine Schritte, aber sie gehen in die richtige Richtung.

Sven hat mir auch das Schlittenfahren beigebracht, und mittlerweile kann ich selbst Touren übernehmen. Auch die sprachliche Verständigung klappt immer besser. Es macht mir richtig viel Spaß, den Leuten etwas beizubringen, und ich liebe es, in der Natur zu sein.

Zum Glück fühlen sich Zora und Charly hier sehr wohl. Zora ist wie in der Schweiz sehr bequem und weigert sich, aus dem Haus zu gehen. Sie macht es sich am Fenster bequem und beobachtet zufrieden maunzend, was die Vögel draußen so treiben. Charly ist unternehmungslustig und viele Stunden unterwegs. Einmal habe ich ihn im Wald gesehen, fröhlich auf einem Baum sitzend. Er liebt es herumzustromern und kommt nur nach Hause, wenn er todmüde ist. Dabei ist er schlau und hält immer ausreichend Distanz zu den Hunden. Trotzdem bin ich besorgt, denn für die Huskys wäre er ein wahrer Leckerbissen. Sie würden niemals akzeptieren, dass er in ihr Revier eindringt.

Mein einziges Problem, für das ich leider keine Lösung weiß, ist Sven mit seiner unberechenbaren Art. Damit zurechtzukommen, kostet mich richtig viel Kraft. Zumal ich nie weiß, wann seine Stimmung umschlägt und er ausrastet.

Beim Heiratsantrag war es wohl meine zu späte Reaktion, zumindest vermute ich das. Fragen bringt ja nichts. Dann kommt immer nur: »Ich erwarte, dass du wenigstens merkst, wenn du auf mir herumtrampelst.« Aber ich merke es wirklich nicht – niemandem würde das gelingen –, egal, wie lange ich darüber grüble.

Als Sven am Abend zurückkommt, begrüße ich ihn mit einem lauten »Ja, ich will« und hoffe, dass ich mit meiner Reaktion die Stimmung wieder aufhellen kann. Doch vergeblich. Er lässt mich zwei Tage links liegen. Erst nachdem ich mich noch einen weiteren Tag lang diverse Male entschuldige, kann er mir endlich »verzeihen«, und wir beginnen, die Hochzeit zu planen.

In dieser Zeit ruft Ursula wieder einmal an. Ich bin gerade in Hochstimmung, als ich ihr von meinen Heiratsplänen erzähle und munter drauflosplappere.

Sie braucht ein paar Sekunden, um zu reagieren. Aber sie sagt nichts, sondern weint. Ich höre sie schluchzen, und auf meine Frage, warum sie weine, meint sie: »Lotti, ich weiß, dass du nicht auf mich hörst. Ich weiß auch, dass du auf niemanden hörst. Aber ich sage es dir ein einziges Mal: Du hast dich da in etwas verrannt. Und glaube mir, du rennst ins Unglück.«

Ich bin sauer, dass sie nicht mal mein Glück kommentarlos teilen kann, und drücke sie wütend weg. Ich will mich partout nicht damit auseinandersetzen, dass sie womöglich recht haben könnte.

Ich heirate, auf meinen Wunsch an meinem 41. Geburtstag. Es ist ein milder Frühsommertag, die Sonne scheint seit einigen Tagen prächtig und schenkt uns Temperaturen um die zwanzig Grad. Die Böden sind von der Schneeschmelze sehr feucht. Alles, was wachsen kann, bricht jetzt auf. Überall sprießt frisches Grün. Die Birken, Pappeln und wenigen Weiden sind übersät von knospenden Blättern, an den knorrigen Fichten und Kiefern kann man schon die hellen, frisch nachwachsenden Spitzen sehen.

Wir haben auf dem kleinen Holzsteg ein Tischchen aufgebaut und uns darum versammelt. Der Pfarrer steht in der Mitte und hält eine kleine Rede. Ringe gibt's nicht, weil wir beide keinen Schmuck tragen mögen. Ich weiß ganz tief in mir drin, dass etwas nicht stimmt und ich gerade einen riesigen Blödsinn mache, aber ich habe mir dieses Lappland-Abenteuer in den Kopf gesetzt und ziehe es nun durch. Diese Trauung ist ein Baustein des Ganzen.

Es ist nur eine Handvoll schwedische Bekannte eingeladen. Auf eine Familienfeier haben wir bewusst verzichtet, um Streitereien aus dem Weg zu gehen.

Ich trage eine rote Jeans mit passender Seidenbluse, Sven zu seinen blauen Jeans ein weißes Hemd. Die Zeremonie ist ungezwungen, ja lässig, von romantischem Zauber keine Spur. Es dauert keine zehn Minuten, und ich bin verheiratet.

»Wollen Sie die Braut küssen?«, fragt der Pfarrer protokollgerecht. Ich bin ein bisschen unruhig, ob Sven anders reagiert als erwartet. Aber stattdessen nimmt er mich in seine Arme, ganz fest, ganz innig, und küsst mich stürmisch und drängend. Diese Nähe und dieses offen gezeigte Begehren überrumpeln mich, und da ist es wieder, dieses Gefühl, willenlos und der Sprache des Herzens völlig ausgeliefert zu sein.

Ich sehe in seine warmen braunen Augen, rieche seine Haut, vergesse alles um mich herum und bin in diesem Moment die glücklichste Frau der Welt. Aber es sind eben nur noch Momente, in denen ich diese Liebe wirklich genießen kann. Dem gegenüber stehen Stunden, in denen ich mir die Augen ausweine und zutiefst verzweifelt bin. Dieses Auf und Ab macht mich kaputt.

Aber daran will ich an diesem Tag nicht denken. Unsere Gäste klatschen. Ein Sektkorken knallt. Wenig später stoßen wir so ausgelassen an, dass der Steg unter unseren Füßen bedenklich wackelt. Ein schlechtes Omen, durchzuckt es mich. Aber Sven reagiert sofort und trägt mich auf seinen starken Armen ans Ufer. Dort wartet auf einem festlich gedeckten Campingtisch unser Hochzeitsessen: gegrillter Lachs, dazu Kartoffeln und als Dessert eine leckere Beerenwähe.

Die Stimmung ist heiter, und sie bleibt es an diesem Tag auch bei Sven.

»Bist du glücklich?«, fragt er mich, als unsere Gäste gegangen sind und wir es uns auf einer Bank am Ufer bequem gemacht haben. Die Vögel zwitschern, und außer dem Bellen unserer Hunde ist weit und breit kein weiteres Geräusch zu hören.

»Sehr«, sage ich und spreche aus dem Moment heraus. Jetzt, hier am Seeufer, bin ich glücklich. Ich versuche mich daran zu gewöhnen, dass an Svens Seite Glück nur eine Augenblicksangelegenheit ist.

»Ich glaube, nächstes Jahr haben wir es geschafft. Dann können wir anbauen und endlich auch noch weitere Gäste bei uns unterbringen.«

Ich schiebe Sven eine Zeichnung hin. »Hier, sieh mal, da hinten könnten die Zimmer angebaut werden. Was meinst du?«

Seit gestern sind wir ein Ehepaar, und es fühlt sich unerwartet gut an. Sven ist immer noch liebevoll und aufmerksam, und wider besseres Wissen glaube ich daran, dass es dieses Mal vielleicht auch länger so bleiben könnte.

Wir frühstücken ausgiebig, es gibt die Reste des Hochzeitsmenüs, und ich nutze die gute Stimmung, um unsere Zukunft zu planen.

Insgesamt können wir zufrieden sein und haben in der kurzen Zeit schon einiges erreicht. Mittlerweile leben vierzig Huskys bei uns. Wir haben eine professionelle Zwingeranlage, vier hochwertige Schlitten und ein gut angelaufenes Geschäft mit Schlittentouren.

Sven ist zwar schwierig, aber er ist ein sehr guter Musher. Die Gäste mögen seine oft ruppige Art nicht, schätzen aber seine Kompetenz. Wenn die kommende Saison nur ähnlich gut läuft wie die vergangene, könnten wir uns vergrößern.

Sven sieht meinen kleinen Entwurf an und ist hin und weg. »Das passt ja prima. Aber wir sollten ruhig fünf Zimmer anbauen. Die Anfragen kommen garantiert. Ich fahre morgen nach Kiruna und spreche ein paar Baufirmen an.«

Ich zucke zusammen. Das ist typisch Sven. Er zerlegt das Fell, bevor der Bär erlegt ist. Er denkt groß, hat aber nie das Konto im Blick.

»Sven, wir kommen finanziell gerade so herum. Wenn wir jetzt einen teuren Anbau starten, sind wir sofort wieder pleite und können nicht mal mehr das Hundefutter bezahlen«, versuche ich seinen Eifer zu bremsen. »Lass uns noch eine Saison sparen und abwarten. Wenn es im nächsten Jahr für den Umbau reicht, ist das doch perfekt.«

Ob ich zu laut gesprochen habe oder in seiner Meinung nach zu belehrendem Ton, weiß ich nicht. Aber auf jeden Fall habe ich Sven kritisiert, seine großartigen Gedanken gestoppt und im Rausch meiner positiven Hochzeitsgefühle vergessen, dass er das nicht mag. Und jetzt bekomme ich prompt die Quittung.

Seine Gesichtszüge verfinstern sich. Seine Augen blitzen gefährlich. »Du mit deiner klein karierten Art. Ich wundere mich, dass ich eine so engstirnige Frau geheiratet habe. Du bist ein Bremsklotz in meinem Leben.«

Und dann ergießt sich sein ganzer Ärger über mich, und die Worte prasseln wie Schläge auf mich nieder. »Du bist engstirnig, klein kariert und dumm. Und ich habe dich geheiratet. Meine Güte, was habe ich mir dabei bloß gedacht? Du hättest in deiner bekloppten Firma bleiben sollen, bei deinesgleichen.«

Stakkatoartig hämmern die verletzenden Sätze auf mich ein, und ich breche in Tränen aus und renne ins Haus.

»Ursula, meine liebe Freundin«, schluchze ich, als ich mich einen Tag nach meiner Hochzeit allein aufs leere Ehebett werfe. »Ursula, du hattest ja so recht. Ich renne wirklich in mein Unglück!«

Ich habe geerbt. Vor sechs Wochen ist mein Vater gestorben. Die Nachricht von seinem Tod kam für mich völlig überraschend. Ich hatte in den letzten Jahren überhaupt keinen Kontakt mehr zu ihm. Er hat zwar brav für meine Ausbildung bezahlt, sich aber darüber hinaus nie weiter um mich gekümmert. Es ist bestimmt zehn Jahre her, dass ich ihn das letzte Mal gesehen habe. Ich weiß nur, dass er bis zu seiner Rente im Ausland gearbeitet hat und erst danach wieder dauerhaft in die Schweiz zurückgekehrt ist. Meine Mutter hatte nach dem Tod meines Stiefvaters zwar wieder Kontakt mit ihm, aber wie der aussah, das weiß ich nicht. Wir haben nie über ihn gesprochen.

Und genauso unerwartet wie mich die Nachricht von seinem Tod erreichte, kam heute erneut ein Brief aus der Heimat an. Dessen Inhalt ist spektakulär: Ich bekomme ein unerwartet stattliches Erbe von meinem Vater, genauer 400.000 Franken in bar und seinen heiß geliebten alten Volvo.

Mit dem Brief in der Hand lasse ich mich auf die kleine Bank im Wohnzimmer sinken und lese die Zeilen wieder und wieder. Ich prüfe den Absender und nehme sogar den Stempel unter die Lupe. Aber es ist alles echt und scheint wirklich zu stimmen.

Ich bin reich und damit finanziell unabhängig und kann endlich wieder planen, wie mein Leben weitergehen soll.

Meine Pensionsansprüche, die ich mir auszahlen ließ, sind längst aufgebraucht, und natürlich hat Sven auch bereits angefangen, kräftig zu renovieren und zu vergrößern und uns damit wieder verschuldet.

Gut, wir können demnächst mehr Gäste unterbringen, aber auf unserem Schreibtisch stapeln sich erneut Mahnungen, und ich weiß einmal mehr nicht, wie ich all die Rechnungen bezahlen soll. Hätte er doch bloß etwas gewartet, um mehr Rücklagen zu bilden. Aber bei Sven muss alles immer sofort sein. Wir spielen nicht mit Murmeln, wir spielen mit Bocciakugeln. Wir drehen das große Rad und drohen deshalb auch immer unterzugehen. Bei Sven wird geklotzt, nicht gekleckert.

400.000 Franken! Ich schnappe nach Luft. Wenn Sven das erfährt, dreht er gleich wieder Pirouetten, schießt es mir durch den Kopf. Vermutlich investiert er dann in einen Busparkplatz oder etwas anderes Absurdes, Unnötiges, Teures.

Ich lese den Brief noch einmal, ganz genau. Es steht da wirklich, schwarz auf weiß. Ich bekomme tatsächlich 400.000 Franken ausbezahlt und soll dem Notar nur noch meine Bankverbindung mitteilen.

Mit gepresstem Atem falte ich den Brief wieder zusammen. Das Geld macht mich auf einen Schlag frei. Damit kann ich jetzt alles machen, was ich will.

Meine Hände zittern, als ich mir die Alternativen durch den Kopf gehen lasse: Ich könnte zurück nach Hause, in die Schweiz, und mir dort einen Job suchen und wäre damit weg von den ständigen Demütigungen und Streitereien. Ich könnte auch zurück und dort meinen Traum von der Selbstständigkeit leben. Ich könnte ein kleines Atelier eröffnen. Ich könnte ganz, ganz viele Dinge tun, und ganz, ganz viele Ideen gehen mir gerade auch durch den Kopf.

Aber egal, wofür ich mich diesbezüglich entscheide, ich entscheide mich damit immer gegen Sven.

Nachdenklich lehne ich mich mit dem Brief in der Hand zurück an die Holzwand. Ich brauche Ruhe und muss einen kühlen Kopf bewahren. Die Wintersonnenstrahlen streifen mein Gesicht.

Aus dieser Perspektive kann ich den See sehen. Er ist jetzt im Dezember nicht mattblau, sondern weiß vereist und eingezuckert. Unsere neu gebaute kleine Saunahütte ist tief verschneit und sieht aus wie ein romantisches Knusperhäuschen. Gerahmt wird alles von Fichten, die eine Zuckergusshaube zu tragen scheinen. Ich bin im Winter-Weihnachts-Paradies. Soll ich es freiwillig verlassen?

»Ich teile das Paradies mit einem unberechenbaren Egozentriker und narzisstischen Teufel«, schießt es mir durch den Kopf. Svens Beleidigungen setzen mir zu, keine Frage. Ich sei zu dumm zum Kochen, zu doof für die Buchführung, zu ungeschickt fürs Mushen. Ich kann in seinen Augen eigentlich nichts. Ach so, und hässlich sei ich auch. Das meinte er letzte Woche, als ich gewagt hatte, nach seinen weiteren Bauplänen zu fragen, aus berechtigter Sorge, ihn gar nicht mehr stoppen zu können. In solchen Momenten möchte ich nichts lieber als meine Koffer packen, meine Katzen nehmen und verschwinden.

Aber es gibt eben auch die anderen Momente, die Momente voller Zärtlichkeit und Liebe, in denen er mir die schönsten Komplimente ins Ohr flüstert. Dann bin ich glücklich, fühle mich getragen von Liebe, Rausch und Verführung.

Schade nur, dass sich das Verhältnis verschiebt. Ich muss die Wahrheit akzeptieren: Waren seine ersten Ausbrüche noch Ausnahmen, scheint sich seine abgründige Seite zwischenzeitlich immer mehr auszubreiten. Will ich wirklich so weiterleben?

Ich beschließe, noch ein paar Tage weiter genau darüber nachzudenken, was ich mit meinem Erbe anstellen möchte. Ich kann ja auch weiter hier mit Sven bleiben, das Geld aber in der Schweiz anlegen und abwarten. Dann hätte ich ein gutes Polster, wenn unser Zusammensein hier oben misslingen sollte und ich von allem endgültig die Nase voll hätte.

Ich grüble an diesem Tag und auch an den kommenden. Fast eine Woche lang wäge ich ab und habe viele Ideen. Aber dann, in einer der glücklichen gemeinsamen Stunden, plaudere ich aus der unbeschwerten Situation heraus die gute Nachricht doch aus und setze damit wie erwartet Svens Enthusiasmus in Gang.

»Das kommt ja genau richtig«, jubelt er sofort los. »Die Saison ist bislang gut gelaufen. Jetzt können wir mit dem Geld unsere Lodge weiter ausbauen und endlich noch mehr Übernachtungsgäste aufnehmen. Du hast fünf Zimmer vorgeschlagen. Du bekommst sie. Ich freue mich riesig.«

Seine Begeisterung zu erleben, macht mich wieder mutig und gutgläubig. Ich rede mir ein, dass sein launisches und rücksichtsloses Verhalten mit der finanziellen Unsicherheit zusammenhängt. Meine Hoffnung: Wenn wir eine gesicherte Existenz haben, würde sich auch Sven wieder ändern, wieder lieb und zugewandt sein.

»Meinst du, wir schaffen es, diese Lodge zu etwas ganz Besonderem zu machen?«, frage ich ihn.

Sven kommt auf mich zu, legt seinen Arm um meine Schulter. »Kleines, wir beide sind doch ein Spitzenteam. Wir stampfen die beste Lodge Skandinaviens aus dem Boden. Die Veranstalter werden sich darum reißen, uns Gäste zu schicken, glaub mir, Kleines. Ich spüre das!«

Ich sehe ihn verliebt ab. »Du hast recht. Wir packen das!«

Zora ist tot. Sie hatte plötzlich hohes Fieber, und als ich mit ihr beim Tierarzt war, ist sie in meinen Armen gestorben. »Eine Infektion, die das Herz geschädigt hat«, lautete die Erklärung für ihren schnellen Tod.

Ich bin tieftraurig. Dieses Tier hat mir so viel gegeben. Sie besaß einen Spirit, der mir immer Kraft gegeben hat. Ich werde sie sehr vermissen.

»Du solltest deinem Charly wieder eine Gefährtin besorgen«, rät mir meine Mutter, als ich sie heulend anrufe und von Zoras Ende erzähle.

Aber ich will das nicht hören. Es gibt keinen Ersatz für sie. Es kommt mir lieblos vor, mein geliebtes Tier einfach auszutauschen. Aber dann fällt mir beim Frühstück eine Annonce ins Auge: »Katze sucht Familie«, und für mich ist das wie ein Wink des Schicksals.

Noch am selben Tag zieht Tikka bei uns ein. Eine schwedische Hauskatze, die mein Herz im Sturm erobert. Tikka und ich sind vom ersten Moment an Seelenverwandte. Ich weiß, das klingt verrückt, aber Tikka erspürt sogleich, wie es mir geht.

Katzen besitzen ein feines Gespür für ihre Besitzer, und Tikka bestätigt diese Erfahrung. Immer wenn ich eine Auseinandersetzung mit Sven habe, legt sie sich auf meinen Schoß und schmiegt sich fest an mich, so als wolle sie mir sagen: Sei nicht traurig, ich bin ja bei dir.

Tikka ist da, wenn ich jemanden brauche, und mehr als einmal erzähle ich ihr, wie schlecht es mir gehe. Dann sitzt sie da, ganz still, ihre kleinen Öhrchen steif aufgerichtet, und lauscht andächtig, was ich zu berichten habe.

Von Vierbeinern und Zweibeinern
und immer positiv bleiben

Unser »Snowtrail Dogcamp« bietet mittlerweile Platz für 15 Gäste und hundert Huskys. Wir haben ein Haupthaus und diverse Nebengebäude, dazu seit Neuestem einen Stall. Sven wünscht sich langfristig noch Pferde, für uns und die Touristen.

Dabei bieten wir so schon genug. Die Gäste sind von unserem Angebot begeistert. Viele buchen bei der Abreise bereits die nächste Tour. Dazu kommt die Mund-zu-Mund-Propaganda.

»Wir wollten unbedingt zu euch!« oder »Freunde haben euch empfohlen!«, diese Sätze hören wir ständig, und wir arbeiten daran, sie noch öfter zu hören, indem wir noch besser werden.

Wir haben ständig Praktikanten hier, häufig auch gute Musher. Allein schaffen wir es schon längst nicht mehr.

Die Urlauber kommen wochenweise zu uns. Wir holen sie im Minibus am Flughafen ab. Dann geht's über die E10 zum Parkplatz. Dort stehen schon unsere Schneemobile bereit. Sie haben komfortabel mit Fellen ausgekleidete offene Anhänger, mit denen wir die Ankömmlinge durch den Wald zur Lodge transportieren. Diese Tour trifft den Nerv der Besucher. Die Gäste sind mucksmäuschenstill, wenn sie auf der kleinen Zufahrt vom brummenden Snowmobil durch den tief verschneiten Winterwald gezogen werden, schneebehangene Tannen zum Greifen nah an ihnen vorbeirauschen und irgendwann in der tiefen Dunkelheit die idyllisch beleuchtete Lodge auftaucht. Die Hunde bellen zur Begrüßung und schmiegen sich aus Vorfreude auf Streicheleinheiten an die Zwingergitter.

Alles ist romantisch überzuckert, und aufgeschütteter Schnee säumt den Weg zum Gästehaus, geschmückt mit einladend milchig gelb schimmernden Leuchtketten.

Die Zimmer sind mollig warm, im großzügigen Wohnzimmer flackert ein Kaminfeuer, und aus der Küche duftet es nach Essen. Willkommen in Lappland! Romantischer Zauber inmitten der wilden Polarlandschaft.

Das nächste Haus ist kilometerweit entfernt. Es gibt kein Geschäft, keine Bar, kein Hotel. Nichts. Nur Wald und Seen, Ruhe und Stille. Die Gewissheit, wirklich allein zu sein, haben viele unserer Gäste zum ersten Mal in ihrem Leben.

Sie können von der Terrasse aus am Horizont den Avvakko sehen und brauchen Zeit, um zu verstehen, dass einfach nichts und niemand da ist, so weit sie auch schauen. Dieses Gefühl macht den Reiz dieser Gegend aus, und man vergisst es nie wieder. Dazu kommt der Zauber des Nordens, den Sven Abend für Abend präsentiert.

Am langen Holztisch heißt er unsere Gäste willkommen, und während ich das Essen zubereite, erzählt er seine spannenden Geschichten. Und die Gäste hören genauso gebannt zu, wie ich es damals getan habe.

Es gibt schwedisches Bier und würzigen Schnaps, und niemand bemerkt, dass ich immer unruhig bin, weil ich fürchte, dass Sven irgendwann ausrastet, muffig wird und mit einem Abend alles wieder zerstört, was wir uns an Renommee erarbeitet haben.

Mit einem Ohr höre ich deshalb immer mit, und wenn ich merke, dass Svens Stimmung kippt, bin ich da und versuche, ihn und die Gäste abzulenken.

»Und jetzt erzähle ich euch mal, was euch morgen erwartet«, funke ich in solchen Augenblicken dazwischen. »Bitte einmal herhören. Wir frühstücken um acht, und um neun stellen wir euch dann schon jeweils euer Team vor, fünf wundervolle Huskys.«

Damit ist das Thema gewechselt. Die Gäste bekommen von Svens Stimmungsschwankungen nichts mit, und ich bin erleichtert.

Im Laufe der Zeit habe ich wirksame Methoden entwickelt, um bei Sven Schadensbegrenzung zu betreiben. Ich lasse keine Diskussionen mehr zu, platze auch nicht mehr mit meiner Meinung heraus, sondern schlucke sie herunter. Ich weiß ja, was es für Folgen hat, wenn ich spontan bin. Also gebe ich mich diszipliniert, beobachte genau und beginne nur dann das Gespräch auf schwierige Themen zu bringen, wenn es unbedingt nötig ist, Sven aber gut gelaunt und aufgeschlossen für das Thema scheint. Meistens rastet er trotzdem aus, aber ich muss mir dann wenigstens nicht vorwerfen, leichtsinnig gewesen zu sein.

»Go!« Ich halte den Lenker mit beiden Händen fest und konzentriere mich auf mein Team. Mit Sissy als Leader düse ich im Schlitten über einen herrlichen Trail quer über die

Seenplatte. Ich bin heute wieder allein unterwegs und genieße es sehr. So oft es geht, nehme ich mir die Zeit dazu. Diese Stunden entschädigen mich für vieles und sind wie Balsam für meine Seele.

Ich lebe mittlerweile schon einige Jahre in Schweden, und Svens Art belastet mich zunehmend. Unser Miteinander gleicht einer Achterbahnfahrt. Eigentlich war es das von Anfang an, aber ich habe es vor lauter Verliebtheit nicht richtig gemerkt. Svens Stimmung kippt ständig und überall, von superlieb und zärtlich zu herrisch und verletzend, Letzteres auf mehr und mehr brutale Art und Weise. Längst sind Sätze wie »Du bist wirklich für alles zu doof« oder »Kapierst du eigentlich nichts?« Normalität.

Anfangs habe ich mich gewehrt und mir solche Beleidigungen verbeten, aber der Preis dafür war zu hoch. Sven mag nun mal keinen Widerspruch, reagiert darauf mit tagelangem Schweigen, Liebesentzug, Ignoranz.

Damit komme ich nicht zurecht. Ich kann nicht mit einem Menschen zusammenleben und -arbeiten, der mich ignoriert, schweigend an mir vorbeiläuft und durch mich hindurchsieht, als wäre ich Luft. Irgendwann habe ich verstanden, dass das mehr schmerzt, als seine Grobheiten einfach auszuhalten.

Aber diese Erfahrung hat mich verändert. Ich bin nicht mehr unbeschwert und auch nicht mehr selbstbewusst. Obwohl ich mit niemandem darüber spreche, was sich hier abspielt, scheint man mir das anzumerken.

»Du bist eine andere Frau geworden«, hat mir Sonja erst kürzlich am Telefon gesagt, und auch Ursula meinte: »Du kuschst, und das wirst du eines Tages bereuen.«

Ich weiß, dass beide recht haben, aber ich will es nicht hören. Ich liebe ihn nun mal, oder zumindest rede ich mir das ein, und nehme deshalb mehr hin, als ich mir jemals vorstellen konnte. Gefühle machen weich und empfindlich und ändern auch Machtstrukturen. Mein Kopf weiß das und kann es auch einschätzen, aber mein Herz sagt immer: »Lass ihn, er meint es nicht so. Im Grunde seines Herzens ist er ein lieber Kerl, der dich von ganzem Herzen liebt.«

Doch ich muss den Appell zur Selbstbeherrschung immer häufiger an mich richten, mittlerweile täglich. Seine Stimmung wechselt innerhalb von Sekunden. Die Anlässe sind Kleinigkeiten, ein unerwartetes Nachfragen, eine Entscheidung, die ich treffe, Pläne, von denen ich erzähle und die offenbar so gut sind, dass sie Sven nicht gefallen, weil sie von mir und nicht von ihm sind. Er will die unumstrittene Nummer eins sein, und jeder, der ihm diesen Platz auch nur ansatzweise streitig machen könnte, wird verbal heftig angegangen.

Da macht er bei mir keine Ausnahme. Es reicht ein Satz von mir, der ihm nicht gefällt, und schon verpasst er mir eine verbale Ohrfeige, und unsere bis dahin harmonische Stimmung ist im Keller – und das für eine ganze Woche, den Rest des Tages oder vielleicht auch nur für ein paar Minuten. Es lässt sich einfach nichts kalkulieren.

Dieses Auf und Ab kostet unendlich viel Kraft, und es fließen häufig Tränen bei mir.

Glück sieht anders aus. Aber ich sehe mich in der Falle sitzen. Ich mag nicht ohne Sven leben. Aber ich kann auch nicht mit ihm leben, weil es häufig so qualvoll ist. Was mir bleibt, ist die Flucht in die Natur.

So wie ich früher in der Schweiz zur Entspannung in den Alpen gewandert bin, tauche ich hier ab in die grandiose Landschaft, mit meinen Hunden, allen voran Sissy.

Sie gibt mir Kraft durch ihre bedingungslose Anhänglichkeit. Sissy steht zu mir, bei jeder Gefahr, treu, verlässlich.

So habe ich mir meine Beziehung vorgestellt: Wir stehen zueinander, auch wenn der Wind von vorn oder von überallher gleichzeitig weht. Deshalb bleibe ich auch bei Sven. Es ist ein Versprechen. Im Moment füllt aber nur Sissy die Rolle aus.

Die eisige Luft bläst mir auch heute die innere Not weg. Wenn ich in der kristallklaren Luft über das glitzerklare Eis gleite, die Sonne vom tiefblauen Himmel strahlt und die Landschaft in ein gigantisches Funkelparadies verwandelt, dann werden meine Sorgen und Ängste ganz klein. Dann hüpft mein Herz vor Freude, und ich bin trotz allem glücklich, hierhergekommen zu sein.

Seit einer Woche sind wir stolze Besitzer von zwei Pferden, genauer nordschwedischen Gebrauchspferden, die hier sehr beliebt sind. Monja gehört Sven, Halle mir. Während ich noch nie auf einem Pferd gesessen habe, ist Sven ein hervorragender Reiter. Ob er bei der Reiterstaffel der Polizei als Ausbilder gearbeitet hat, wie er erzählt, bezweifle ich allerdings. Es wird wieder nur eine seiner fantasievollen Geschichten sein. Aber egal, reiten kann er wirklich. Ich habe es gesehen, als wir uns auf einigen Reiterhöfen hier in der Nähe nach den Tieren umgesehen haben. Selbst die geübten Profis haben ihn gelobt, weil er so einfühlsam und gekonnt mit Pferden umgehen könne.

Jetzt drehe ich auf unserem Gelände zum wiederholten Mal meine Voltigier-Runden und bin mächtig stolz, weil es auf Anhieb so gut klappt.

»Konzentrier dich auf das Tier, hörst du. Fühl dich hinein in die Bewegung.«

Sven ist bei mir und schult mich einfühlsam und engagiert.

»Gut machst du das, wirklich«, lobt er mich erneut. »Wenn du so weitermachst, können wir nachher noch ausreiten.«

Ich strahle Sven vom Pferderücken aus an und beuge mich zu ihm herunter. »Danke, Schatz, dass du dir so viel Mühe mit mir gibst.«

Sven drückt mir schnell einen Kuss auf die Lippen, lächelt. »Danke dir, dass du so eine gelehrige Schülerin bist. Du wirst bald eine tolle Reiterin sein, versprochen.«

Ich möchte ihm gern glauben, denn eins steht jetzt schon fest: Es macht unglaublich Spaß.

Im Moment üben wir nur auf dem Platz, aber gleich wird es losgehen, wir reiten aus.

»Wollen wir?« Sven kontrolliert noch einmal, ob alles in Ordnung ist. »Hast du die Zügel fest in der Hand?«

Ich nicke.

»Okay, dann los.«

Und dann zuckeln wir beide langsam Richtung Wald. Es ist eine wunderbare Erfahrung. Sven reitet voraus. Monja wiehert vergnügt, schüttelt die üppige Mähne, und ich konzentriere mich auf die Hinweise, die Sven mir in den zurückliegenden Stunden gegeben hat.

Heute ist unsere Ehe ein Traum. Aber ich kann mich nicht mehr in dieses wohlige Gefühl des Aufgehobenseins fallen lassen. Ich vertraue den dafür typischen Signalen wie Sanftheit, Freundlichkeit und Zugewandtheit nicht mehr. Ich sitze immer wie ein Kaninchen vor der Schlange, ängstlich und unsicher und immer auf dem Sprung, um im Notfall blitzschnell ausweichen zu können. Denn mein jetzt so heiterer und liebevoller Ehemann kann von jetzt auf gleich Gift und Galle spucken und mich so niedermachen, dass ich weinend wegrenne.

Aber ich lebe den Moment, nehme, was ich an Zuwendung kriegen kann. Heute ist es jedenfalls schön mit Sven, noch.

Ich beherrsche die Zügel, stupse meine Halle sanft in die Leiste, damit sie etwas schneller geht. Langsam trabt sie los, und ich erlebe ein ungeahntes Gefühl von Freiheit.

Es ist Herbst in Lappland, die Temperaturen sind noch verhältnismäßig mild, und ich genieße den Ausflug mit Pferd fast so sehr wie eine Tour mit dem Schlitten. Der Erfolg macht mich leichtsinnig, und ich setze zum Galopp an. Halle lässt sich nicht zweimal bitten. Ich überhole Sven und reite strahlend an ihm vorbei, hinaus in die Natur.

»Bist du glücklich?«, ruft mir Sven nach, und ich muss nicht lange überlegen.

»Ja«, erwidere ich und fühle es in diesem Moment auch. Das Glück, das sich immer einstellt, wenn ich in dieser faszinierenden Natur bin. Aber es lässt sich nur ganz selten blicken, wenn Sven dabei ist. Heute ist eine Ausnahme.

»Was hältst du von einer Tour Richtung Berg?«, höre ich Sven rufen, und das dumpfe Stapfen der Hufe kommt immer näher. Sven kann nicht ertragen, dass er hinter mir reitet. Er will der Erste sein, der Leader, immer.

Ich bremse Halle jetzt sanft ab und lasse Sven überholen. Soll er doch, wenn er es braucht. Ich habe gelernt, mit ihm umzugehen. Sven hat seine Macken, klar. Er hat eine blühende Fantasie, schneidet gern auf, vieles von dem, was er erzählt, spielt sich nur in seinem Kopf ab. Ich habe schmerzlich lernen müssen, ihm nicht immer alles zu glauben. Das viele Geld aus der Goldmine beispielsweise ist nie aufgetaucht. Ich werde auch nie mehr danach fragen. Wir müssen eben ohne diese herbeifantasierten Sicherheiten auskommen.

Ich weiß nicht, warum er so ist. Aber ich weiß, dass ich ihn nicht ändern kann. Ich nehme deshalb die schlechten Seiten hin und konzentriere mich auf die guten.

Der Mann, der jetzt geübt vor mir reitet, hat es gar nicht nötig, mir zu beweisen, dass er der Bessere ist. Er ist es, und ich habe kein Problem damit, das anzuerkennen. Sven sieht gut aus in seinen Jeans, den Stiefeln, dem Karohemd und mit dem halblangen blonden Haar. Ich liebe ihn, immer noch, und wir können es vielleicht doch noch schaffen, miteinander glücklich zu sein. Das gibt mir Kraft.

Der ungewöhnlich warme Sommerwind bläst mir ins Gesicht, und ich verspüre endlich einmal wieder Mut und Freude in meinem Leben. Und gewinne wieder jede Menge Zuversicht.

»Komm, lass es uns versuchen«, rufe ich ihm zu. »Das Leben ist schön.« Doch eine andere Stimme in mir sagt: »Du lernst es nie …!«

»Na, meine Kleine, was ist denn los?« Ich hocke neben Sissy und streichle ihren Kopf. »Gib mir doch ein Zeichen, damit ich dir helfen kann.«

Seit einigen Tagen liegt sie auffallend ruhig in ihrer Hundehütte und frisst schlecht. Ich habe häufig nach ihr gesehen und anfangs gedacht, die Temperaturen seien schuld. Es ist mild, und Huskys mögen das nicht so gern. Sie werden dann müde und träge und liegen meistens nur noch auf der faulen Haut. Dabei hecheln sie, um die Körpertemperatur zu regulieren.

Sissy hechelt besonders stark, und ich habe ihr schon reichlich Wasser gegeben und auch ihre Pfötchen gekühlt. Aber geholfen hat das nicht, und heute rührt sie nicht mal mehr ihr Futter an. Ich mache mir Sorgen.

Als ich Sven hole, bestätigt er meinen Eindruck. »Da stimmt etwas nicht. Sissy muss zum Tierarzt«, sagt er sofort, und ich sehe in seinem Gesicht, dass das nichts Gutes bedeutet.

Jule, ein sympathischer Mann, der all unsere Tiere betreut, sieht sofort die Not. Er kontrolliert die Schleimhäute. Sie sind gräulich verwaschen. »Das macht mir Sorgen«, sagt er ehrlich. Danach nimmt er Sissy Blut ab und untersucht sie gründlich.

Sissy lässt alles geschehen. Weil ich bei ihr bin oder weil sie einfach zu schlapp ist, um Widerstand zu leisten, kann ich nicht erkennen.

Wenig später hat er die Diagnose. Sissy hat Gebärmutterkrebs. »Es tut mir leid, aber ich will nicht um den heißen Brei herumreden. Die Hündin ist schwer krank. Ich möchte sie erlösen.«

»Erlösen ...? Heißt das ...?«, stammle ich und spüre, dass mein Herz zu pochen beginnt. Ich werde Sissy verlieren. Das schnürt mir die Kehle zu. Gerade Sissy. Was bleibt mir denn dann noch?

Aber es geht jetzt nicht mehr um mich. Es geht um den Hund, der mir den Weg in ein neues Leben gewiesen hat und seit meiner Ankunft in Lappland nicht von meiner Seite gewichen ist. Bilder von herrlichen Touren tanzen in meinem Kopf auf und ab. Ich sehe Sissys kleine Pfoten mutig und unermüdlich durch den Schnee stapfen. Sie ist ein wunderbarer Hund und liebt mich bestimmt mehr als sich selbst.

Ganz sanft lege ich jetzt ihren Kopf in meinen Schoß, streichle ihn sanft und lächle. »Meine Kleine, es tut mir so unendlich leid!«

Sissy liegt ganz ruhig da, aber sie atmet schwer.

»Hat sie Schmerzen?«, frage ich Jule.

Er nickt.

»Die Ultraschallaufnahme zeigt einen großen Tumor. Ich denke schon, dass es für sie schmerzhaft ist, zumal sie nichts frisst. Das ist immer das erste Zeichen, dass ein Hund ernsthaft erkrankt ist und leidet.«

Ich sehe wieder Sissy an, und in dem Moment treffen sich unsere Blicke. Ihre schönen braunen Kulleraugen sind ganz warm und mild, ganz ruhig und voller Vertrauen. In dem Moment verstehe ich: Sissy ist dankbar, dass sie gehen darf. Sie kann nicht mehr. Sie will die Schmerzen nicht mehr aushalten.

»Noch ein bisschen, meine Süße«, sage ich leise und rede beruhigend auf sie ein. »Wir bleiben zusammen, bis zum Schluss. Ich lasse dich nicht allein, so wie du mich auch nie alleingelassen hättest. Wir sind ein Team, in der Natur und im Leben. Wir können uns aufeinander verlassen. Draußen und auch hier.«

Ich streichle weiter und weiter ihren kleinen Kopf, die Öhrchen und ihren Körper, der mir jetzt ganz mager, fast schon ausgezehrt vorkommt.

Sissy leckt meine Hand, und ich glaube, ihr die Anstrengung ansehen zu können. Sie liegt da, ganz ruhig, kraftlos, und wartet, dass ich sie erlöse, ihr Leid beende.

Ich bin zutiefst gerührt. Selbst im Abschied ist sie ein starkes Tier.

Mir kullern die Tränen, und ich wische sie mir ganz schnell weg. Sissy sieht, wenn ich leide, und ich will sie damit nicht belasten. Es geht auf diesem letzten Weg nicht um mich. Es geht um sie. Nur um sie.

Ich streichle ihre kleinen Pfötchen, die Beinchen. Ich sage ihr die schönsten Komplimente. Ich will sie überschütten mit Liebe, damit sie ganz viel davon mitnehmen kann in ihre neue Welt.

Jule steht dann mit der Spritze neben uns und sieht mich fragend an. Ich nicke.

Mit beiden Armen umschlinge ich ihren Körper, flüstere ihr ein allerletztes Mal ins Ohr, wie froh und dankbar ich sei, sie in meinem Leben gehabt zu haben.

Ich merke, dass sie nicht mehr auf meine Berührungen reagiert. Innerlich schreit alles in mir »Nein«, aber ich muss stark sein. Für Sissy. Ihre Augen verlieren an Glanz. Ihr Körper ist ruhig.

Sissy ist tot.

Jule sieht, wie es mir geht. Er streichelt mir über den Rücken und zieht die Tür hinter sich zu. Er ist so einfühlsam, mich mit meinem Hund allein zu lassen. Ich bin ihm unendlich dankbar für diese Geste, die er mir entgegenbringt.

Ich weiß nicht, wie lange ich mit meinem leblosen Hund auf dem Boden sitze, kraftlos an die Wand gelehnt. Es geht mir schlecht, richtig schlecht. Mit Sissy fehlt ein wichtiger Baustein in meinem Leben. Was bleibt mir nun bloß noch?

Wenn ich frühmorgens aus dem Fenster sehe, erkenne ich am Rand des Sees ein kleines Holzkreuz. Es steht an der Stelle, an der ich Sissy gestern begraben habe. Ich habe sie bewusst an diese Stelle gelegt, damit ich sie morgens als Erstes sehen kann. Dann ist sie mir immer noch nah. Ich brauche das Gefühl, um weiter durchhalten zu können.

Im Schlittentempo in die Achterbahn
aber ohne die Balance zu verlieren

»Ich möchte gehen!« Vor mir steht Lies, eine junge belgische Praktikantin, die erst vor vier Wochen zu uns gestoßen ist. Unsicher, fast schüchtern ist sie in mein Büro gekommen, um mir zu sagen, dass sie schon morgen die Lodge verlassen möchte.

Ich bin sofort alarmiert. Es ist nicht gut, wenn Praktikanten so schnell wieder gehen. Wir investieren viel Zeit in die jungen Leute, damit sie die Abläufe kennenlernen und gut mit den Tieren umgehen können. Wenn sie nach vier Wochen schon »das Handtuch werfen«, haben wir umsonst investiert.

»Jetzt setz dich erst einmal, und lass uns reden«, versuche ich Klarheit zu gewinnen und denke zuerst an Zoff mit den anderen, denn Lies ist nicht unsere einzige Praktikantin.

Die Geschäfte laufen so ordentlich, dass wir immer drei bis vier junge Menschen bei uns aufnehmen. Damit sie sich wohlfühlen, haben wir für sie ein hübsches kleines Holzhaus bauen lassen mit Bad und Küche und vier Schlafgelegenheiten. Die jungen Mitarbeiter kommen häufig aus der Schweiz und Deutschland, aber auch aus Holland, England oder wie Lies aus Belgien. Sie müssen Freude am Umgang mit den Hunden haben und zu den Gästen nett und zuvorkommend sein, und sie müssen zupacken können. Die Hunde müssen zweimal täglich gefüttert werden, die Zwinger gesäubert, die Schlitten gewartet. Wir haben einen Hundespielplatz mit Seezugang, den die Tiere abwechselnd nutzen. Alle vier Stunden wird getauscht.

Dazu müssen die Gästezimmer gereinigt, muss die Anlage gepflegt werden und, und, und. Jetzt haben wir endlich »volles Haus« und brauchen jede Hand. Vier Praktikanten sind locker ausgelastet. Deshalb bin ich nicht begeistert, wenn Lies geht.

Zumal ich sie besonders mag. Sie ist eine hübsche junge Frau, Anfang zwanzig, mit langen dunklen Locken und blauen Augen. Sie hat in Belgien Sprachen studiert und später in der Leitung einer Jugendherberge gearbeitet. Sie kennt sich hervorragend mit Tieren aus und ist lernbegeistert, sehr eifrig und kommt bestens mit unseren Gästen aus. Die Urlauber mögen sie, weil sie charmant und diplomatisch ist.

Lies ist über Bekannte zu uns gekommen, und ich habe sie sofort ins Herz geschlossen. Mit ihrem fröhlichen Lächeln und dem wippenden Pferdeschwanz ist sie eine absolute Sympathieträgerin. Und ausgerechnet so eine Mitarbeiterin will weg.

»Aber du wolltest doch bis zum Saisonende bleiben«, sage ich jetzt und bitte sie, sich zu setzen. Ich gebe mir keine Mühe, meine Überraschung über ihre Kündigung zu verbergen. »Ist etwas passiert?«, möchte ich wissen.

Lies rutscht nervös auf dem Bürostuhl hin und her. Ich reiche ihr schnell einen Teebecher und hoffe, dass sie meine Geste entspannt. Ich muss wissen, was los ist, und dann versuchen, sie zu halten. Wo soll ich denn mitten in der Saison neue Praktikanten herbekommen? Wir sind froh über jeden Gast und müssen viel bieten, um gute Empfehlungen zu erhalten.

»Lies, hast du Streit mit den anderen?«, frage ich sie jetzt direkt. »Soll ich mal mit jemandem reden?«

Sie schüttelt den Kopf.

»Nein, nein, das ist es nicht. Wir sind ein super Team.«

»Ach ja, wie schön«, sage ich, wenigstens darüber erleichtert. »Was stört dich dann?«

Ich stelle ihr jetzt noch einen Teller mit Miniwaffeln hin.

»Du kannst mir alles sagen. Es bleibt unter uns«, versichere ich ihr.

»Ich will nicht über jemanden herziehen, aber – ganz offen – es ist Sven!«

Und dann macht sie ihrem Herzen Luft.

»Ich würde gern bleiben«, erzählt sie, »aber Sven mault mich wirklich ständig an. Dazu kommt, dass man ihn nicht einschätzen kann. Launisch wie er ist, ändert er seine Meinung schneller als der Wind seine Richtung. Morgens soll ich etwas auf diese ganz bestimmte Art und Weise machen, und am Nachmittag ist es genau so plötzlich falsch. Er kritisiert mich überhaupt den ganzen Tag, und langsam weiß ich gar nicht mehr, was richtig ist.«

Ich höre Lies aufmerksam zu und bin entsetzt. Sven lässt also seine Wut auch unkontrolliert an den Mitarbeitern aus. Ich habe es natürlich schon einige Male mitbekommen, dass er jemanden anmotzt, aber nicht geahnt, dass es so heftig geworden ist. Denn die meiste Zeit arbeite ich im Büro.

»Denken die anderen auch so?«, will ich jetzt wissen.

Lies nickt. »Ja, wir haben schon oft darüber gesprochen. Eigentlich mag ihn niemand von uns.«

Aber es kommt noch schlimmer.

»Und die Gäste ärgern sich auch über ihn«, erzählt Lies weiter. »Kürzlich hat er einen Gast, der ihm eine ganz normale Frage gestellt hat, einfach links liegen lassen. Das war Jörg, erinnerst du dich, der vor drei Wochen hier war. Er war total sauer auf Sven und wollte sich schon beim Veranstalter über ihn beklagen.«

Ich bin geschockt und nehme aus Frust auch eine Waffel. Das Knabbern beruhigt mich.

»Ich habe aber keine Beschwerde bekommen«, werfe ich ein. »Zumindest noch nicht.«

»Ich glaube auch, er hat es sein lassen. Er meinte noch, dass ihm alles andere wunderbar gefalle, auch dich hat er total gelobt, nur der Chef sei ein absoluter Flop. Eine Frau aus Frankfurt, sie hieß Marina, hat sogar geweint, weil Sven sie so angebrüllt hat.«

»Er hat was? ... Er hat sie angebrüllt?«

»Ja, sie hat das Hundegeschirr nicht richtig anlegen können, und Sven hat sie richtig runtergemacht ...«

»Meine Güte, das geht ja gar nicht«, murmele ich und bin entsetzt. Ich kämpfe um jede Buchung, und Sven ekelt die Gäste wieder weg. Das ist eine Katastrophe.

»Hast du das denn nicht gewusst?«, fragt Lies mich jetzt.

Ich schüttle den Kopf.

»Nein, nicht in dem Umfang. Hier zwischen PC und Telefon bekomme ich nicht so viel mit. Sven hat ja mehr mit den Gästen zu tun.«

Ich sehe sie direkt an.

»Willst du wirklich gehen?«

Lies nickt. »Ja, ich mag mich nicht mehr kleinmachen lassen. Die ständigen Demütigungen, nein, Lotti, es ist besser, wenn ich gehe. Mittlerweile glaube ich auch, dass mich Sven richtig auf dem Kieker hat. Das wird nichts mehr mit uns.«

Ich höre ihr zu und kann sie nur zu gut verstehen. Diese dauerhaften Schikanen zermürben.

Eine Sekunde lang wünsche ich mir, das auch aussprechen zu können, was Lies für sich beschlossen hat. Aber ich kann nicht einfach gehen. Leider.

Lies nimmt mich zum Abschied in den Arm. »Ich bin nicht nur traurig darüber, Lotti, ich bin auch mächtig enttäuscht. Ich bin mit großen Plänen hierhergekommen und habe mir alles anders, harmonischer vorgestellt.«

Lies geht dann wirklich. Schon am nächsten Tag packt sie ihren Rucksack und lässt sich von einem Mitarbeiter zur Bushaltestelle fahren. Sie will direkt zum Flughafen und von da aus nach Brüssel fliegen. Sie hat genug von uns.

Was ist, wenn Sven noch bei anderen Leuten einen solchen Eindruck hinterlässt? Wie wirkt es sich aus, wenn er unsere Gäste einfach stehen lässt und sich nicht mehr blicken lässt, weil er sich beleidigt fühlt? Oder sie anbrüllt!?

Wir haben zwischenzeitlich schon wieder reichlich Schulden angehäuft. Um unsere Kredite bedienen zu können, muss das Unternehmen laufen, und zwar kontinuierlich. Wir können uns keinen launischen und unberechenbaren Chef erlauben. Ich befürchte, dass Sven mit seinen Mätzchen alles, was wir uns gerade mühsam aufgebaut haben, wieder zerstört.

Ich muss mit ihm sprechen, unbedingt, und es ist egal, wie das Gespräch ausgeht. Nun gibt es keine andere Lösung mehr, wenn ich meine Existenz nicht aufs Spiel setzen will ...

»Lies ist gegangen, weil du sie immer kritisiert und beleidigt hast«, sage ich Sven wenig später direkt ins Gesicht und hoffe, dass ihr Weggang etwas in ihm bewegt.

Das tut es auch, aber es führt zu nichts weiter als Wut auf das junge Mädchen, das sich immer habe »aufspielen« wollen. Es ist alles, geht es nach ihm, wie immer ganz anders. Sven sieht sich natürlich als geduldigen, liebenswerten Vorgesetzten, der nur das Beste will.

Und es wird noch besser. »Das liegt letztlich mal wieder an dir, Lotti. Du hörst dir noch den größten Schwachsinn an und glaubst ihn dann auch. So viel zum Thema ›Führungskraft‹. Du solltest dich nicht um das Personal kümmern, sondern nur machen, was ich dir gesagt habe. Kümmer dich um die Buchführung, und überlass den Rest mir. Du hast nun wirklich kein Gespür für Menschen.«

Ich hätte mir denken können, dass in seinen Augen mal wieder ich versagt habe. Nur so viel ist klar: Sven hat nie an etwas Schuld. Wenn etwas schiefgeht, dann ist es jemand anderer, natürlich.

»Wieso riecht das hier wie im Puff?« Sven steht an der Garderobe, zieht seine schweren Gummistiefel aus und meckert halblaut vor sich hin. »Immer das Gleiche mit euch Weibern. Lasst doch das Kosmetikzeug zu Hause!«

Seit gestern ist Sonja zu Besuch. Es ist das erste Mal, dass jemand von meiner Familie zu Besuch kommt. Ich darf mich nicht darüber wundern, denn seit Jahren heule ich meinen Geschwistern schon die Ohren voll, und sie haben verständlicherweise keine Lust mehr, mich in dem Durcheinander zu besuchen.

Doch jetzt hat Sonja es gewagt. Vielleicht ist sie auch nur hier, weil sich alle Sorgen machen und sie nachsehen soll, was mit mir los ist. Egal, ich freue mich riesig, sie hier zu haben.

Wir sitzen zusammen ganz entspannt am Frühstückstisch und hatten bis vor wenigen Augenblicken eine schöne Zeit. Aber jetzt ist Sven da und motzt sofort wieder los. Er mag keine Düfte, keine Lotion, kein Make-up. Ich weiß das, aber während er sich bei den Gästen mit dem Thema zurücknimmt, meint er, meine Schwester belehren zu können. Sie war gestern noch nicht ganz durch die Tür, als er sie bereits wegen ihres Parfüms angepflaumt hat: »Das Zeug hättest du zu Hause lassen können. Wir brauchen hier keinen Rosen- oder Sonst-wie-Duft!«

Sonja hat super reagiert: »Erst einmal guten Tag, lieber Sven. Frag doch mal, wie meine Reise war …«

Sven hat dann noch eine halbwegs verträgliche Begrüßung hinbekommen, sich aber deutlich anmerken lassen, dass ihm der Parfümgeruch nicht behagt. Erst hat er sich ständig geräuspert, und als wir darauf nicht eingingen, sogar einen Asthmaanfall vorgespielt. Angeblich leide er an einer Allergie auf Duftstoffe. Das hat er den Gästen auch schon einige Male erzählt. Natürlich ist es aber keine übliche Allergie, sondern bei ihm ist gleich sein Leben in Gefahr.

Ich glaube ihm kein Wort und finde seine Szenen nur noch albern ...

»Ob er jetzt wieder einen Hustenanfall bekommt?«, flüstert mir Sonja ins Ohr. »Oder fällt ihm noch etwas anderes ein, um Aufmerksamkeit zu bekommen?«

Ich muss schmunzeln, schüttle aber schnell den Kopf und signalisiere Sonja, meinen lieben Sven nicht weiter zu provozieren. Sie bleibt eine Woche, und ich habe keine Lust, die nächsten Tage zwischen den Fronten zu stehen.

Aber Sven lässt nicht locker.

»Sonja, ich bin Allergiker. Also lass das Parfüm künftig besser eingepackt.«

»Ich habe heute gar keins mehr aufgelegt«, federt Sonja die Situation gleich ab. »Ich weiß doch seit gestern, dass du es nicht verträgst. Und natürlich nehme ich Rücksicht auf einen Kranken.«

Sven scheint überrascht. Er hat mit dieser Antwort nicht gerechnet. »Dann hast du etwas anderes benutzt. Ich merke sofort, wenn Duftstoffe in der Luft liegen. Ich bin extrem empfindlich.«

»Vielleicht verträgst du Seife nicht. Denn gewaschen habe ich mich heute früh allerdings«, antwortet Sonja, und mir bleibt ihr spitzer Unterton nicht verborgen.

Aber Sven geht ihr auf den Leim.

»Ja klar, Seife. Das wird es sein. Kannst du das bitte künftig lassen.«

»Mich zu waschen?«, fragt Sonja ironisch, und ich ahne, was kommt.

Um dem Gespräch die Spannung zu nehmen, reagiere ich sofort.

»Ich gebe dir eine andere Seife, eine, die Sven verträgt«, sage ich schnell und sehe die beiden unruhig an.

Doch Sven macht weiter. Er ist nicht zu bremsen und verträgt jetzt angeblich auch keine Hautcreme mehr, und auch Lippenstift enthalte Stoffe, die bei ihm Reizungen der Atemwege hervorrufen. Er redet so lange auf Sonja ein, bis die keine Lust mehr auf das Thema hat.

»Ich geh dann mal zu euren Hunden. Lotti, magst du mitkommen?«, fragt sie mich.

»Ich komme gleich nach«, antworte ich schnell und möchte die Zeit nutzen, um mit Sven zu sprechen. So kann er nicht weiter mit Sonja umgehen. Sonst wird die Woche mit ihr für mich hier zur Hölle.

»Du musst auch andere Menschen respektieren«, sage ich vorsichtig, als Sonja sich angezogen und die Tür hinter sich zugezogen hat.

Aber Sven ist uneinsichtig. »Das chemische Zeug hat hier nichts zu suchen. In Zürich oder Paris kann man das alles machen. Aber hierher passt kein Kosmetikkram. Wenn Sonja darauf besteht, ist sie auf dem Catwalk besser aufgehoben«, mault er.

Ich gebe auf und sehe nach meiner Schwester. Sven schafft es auch, mir diese Zeit mit ihr zu verderben!

In den kommenden Tagen hakt es ständig zwischen den beiden. Zu den fruchtlosen Diskussionen um die Duftstoffe kommen natürlich andere Themen. Sonja könne nicht mit den Hunden umgehen, sei unbegabt auf dem Schlitten, nehme mich zu sehr in Beschlag und beteilige sich nicht ausreichend an den anfallenden Arbeiten.

Es ist aussichtslos. Er will mich mit der Kritik an meiner Schwester treffen und auf jeden Fall erreichen, dass wir uns zusammen nicht wohlfühlen und Sonja nicht mehr wiederkommt.

Schon am dritten Tag zieht sie den erwarteten Schlussstrich.

»Das war mein letzter Besuch bei diesem Irren«, schimpft sie und reagiert damit genauso entschieden wie ein halbes Jahr zuvor schon Ursula. Die hatte allerdings schon nach einem Tag genug von Svens Theater. Nur mir zuliebe hielt sie die Woche dann noch durch. Beim Abschied am Flughafen drückte sie mich lange und fest und meinte: »In Zukunft belassen wir es lieber beim Telefonieren. Das ist mir hier alles zu anstrengend ...«

Sonja ist da weniger zurückhaltend. Sie nimmt kein Blatt vor den Mund und sagt am Abend, als wir allein im Wohnzimmer sind, ganz offen, dass sie Sven für verrückt halte. »Das ist ein Psychopath«, bricht es aus ihr heraus. »Der braucht es, dir wehzutun, damit er sich gut fühlt. Mensch, Lotti, komm doch wieder nach Hause.«

Ich weine bitterlich. Sonja hat recht. Sven tut mir schon lange nicht mehr gut. Heute hat er mich den ganzen Tag wieder nur heruntergeputzt. Zuerst habe ich seiner Meinung nach eine Buchung falsch notiert, dann einen Gast falsch angesprochen und am Abend nicht richtig aufgeräumt. Er hat mich behandelt wie eine unfolgsame Angestellte. Später kam noch vor meiner Schwester der Hinweis, dass ich eigentlich rein gar nichts könne.

Es ist alles zu viel mittlerweile, und ich heule mich bei Sonja so richtig aus. Es ist nicht das erste Mal, dass ich bei ihr das Herz ausschütte. Ich habe sie in den letzten Jahren besonders häufig nachts angerufen und meinem Frust und Schmerz tränenreich Luft gemacht. Aber jetzt kann sie mich zum ersten Mal auch tröstend in den Arm nehmen, und ich genieße es sehr, mich geborgen fühlen zu können. Doch sie will mir noch mehr helfen, indem sie an mich appelliert, Sven endlich zu verlassen. Sie sagt es unverblümt und schonungslos.

»Sieh mal, Lotti, du hast dich sehr verändert. Du warst früher nicht nur schick. Du warst auch lebensfroh, stolz und selbstbewusst. Mittlerweile guckst du wie ein Kaninchen, das Angst vor der Schlange hat.«

Ich zucke bei dem Vergleich zusammen, denn genauso fühle ich mich ja wirklich.

Sie streichelt mir liebevoll über den Rücken.

»Lotti, das hast du nicht nötig«, sagt sie leise.

»Aber wo soll ich denn hin?«, wimmere ich.

»Nach Hause.«

»Das ist mein Zuhause!«

»Nein, das ist die Hölle. Du kannst hier nicht bleiben!«

»Und was soll ich in der Schweiz machen? Ich gehe auf die fünfzig zu und habe jede Menge Schulden. Ich komme mit nichts zurück und kann in der Schweiz dann nur Sozialhilfe beantragen.«

Ich wische mir die Tränen aus dem Gesicht, sehe meine Schwester jetzt direkt an.

»Sonja, ich stehe mit dem Rücken zur Wand. Ich bin am Ende. Ich kann nur untergehen oder durchhalten.«

»Aber ...«, will Sonja gerade weitersprechen.

Doch ich falle ihr ins Wort.

»Kein Aber, Schwesterherz. Es gibt kein Aber. Sieh mal, wenn ich gehe, muss ich alle meine Hunde zurücklassen. Ich kann nur die Katzen mitnehmen, aber sie müssen erst wochenlang in Quarantäne, bevor sie ausreisen dürfen. Davon abgesehen wird mich Sven nicht einfach gehen lassen. Ich bin seine billigste Arbeitskraft und habe immer noch jede Menge Sympathien bei den Gästen und einen seriösen Ruf bei Banken und Lieferanten, und genau das braucht er. Ohne mich kann er gleich schließen.«

Sonja setzt noch einmal an, um mich auf einen anderen Kurs zu bringen.

»Du weißt, dass du auf die Familie zählen kannst. Wir finden eine Lösung«, sagt sie dann leise, und ich liebe sie dafür.

Ja, ich weiß das. Sie würden zusammenlegen und mir meine Heimfahrt bezahlen. Klar haben mich alle gewarnt, und klar wusste ist es damals »besser«. Aber die Familie hält zusammen und verzeiht. Dafür bin ich dankbar. Es ist ein gutes Gefühl zu wissen, dass ich aufgefangen würde. Ich fürchte mich nicht davor, dass man denkt: Na siehst du, das hast du jetzt davon! Das macht mir nicht viel aus. Damit kann ich leben. Womit ich aber nicht leben kann, das ist, neben dem Verlust der Tiere, das Gefühl, aufgegeben zu haben. Zurück in die Schweiz zu gehen, würde einer bedingungslosen Kapitulation vor dem Leben und all meinen hochfliegenden Plänen gleichen.

Das lasse ich nicht zu. Ich gebe nicht auf. Ich ziehe das hier durch. Irgendwie.

Aber ich sehe an den Zahlen, dass Svens Verhalten zunehmend unsere Existenz bedroht. Die letzte Saison mit ihm war schon schwierig. Ich habe nicht nur Lies wegen seiner Launen verloren, sondern auch zwei weitere Praktikanten haben aus dem gleichen Grund das Weite gesucht. Das war ärgerlich und belastend, doch ich fürchte, es sind nicht nur die Praktikanten, die wegen Sven Reißaus nehmen. Unsere Buchungen sind dramatisch rückläufig.

Doch damit will ich Sonja jetzt nicht auch noch belasten. Als ich zum Flughafen fahre, sehe ich ihr an, dass sie sich schon genug um mich sorgt. Sie drückt mich zum Abschied und küsst mich auf die Wange. »Du weißt, dass wir alle für dich da sind!«, bekräftigt sie noch einmal.

Ich nicke, von ganzem Herzen dankbar.

»Ich weiß«, sage ich. »Aber du weißt auch: Ich gebe nicht auf. Ich packe das!«

Als ich zurück auf die Lodge komme, gehe ich zuerst zu den Hunden. Bei ihnen finde ich immer Trost. Ihre Nähe zu spüren, tut mir einfach gut. Aber ich habe noch etwas vor. Nach Sissys Tod brauche ich eine neue Leithündin, und auf der Rückfahrt kam mir in den Sinn, wer das sein könnte: Wanda. Sie ist eine süße Hündin mit fast durchgängig schwarzem Fell und mir schon lange ans Herz gewachsen. Nicht nur, weil sie so hübsch ist, sondern auch, weil sie ausgesprochen intelligent und verantwortungsbewusst agiert. Ich habe schon einige Touren mit ihr gemacht, und sie hat das Zeug, ein ganzes Team zu führen. Sie ist ungeheuer stark und ungeheuer ausdauernd und natürlich sehr, sehr anhänglich. Wenn ich morgens zu ihr in den Zwinger gehe, schmiegt sie sich jedes Mal sofort an mich. Aber sie wartet auch ungeduldig darauf, dass ich mit ihr etwas unternehme. Ich fühle, sie passt gut zu mir.

»Du hast ein gutes Gespür für Hunde«, lobt mich Sven später beim Essen für meine Auswahl, und ich freue mich über diese Anerkennung. Sie ist aus seinem Munde sehr selten geworden.

Ein unerwartetes »Traumpaar«
und warum ich plötzlich Schlittensäcke nähe

»So eine Praktikantin wie Heike hatten wir noch nie. Sie ist ganz große Klasse!«

Sven ist gerade in die Küche gekommen. Ich stehe am Herd und bereite das Mittagessen vor. Jetzt nimmt er sich einen Kaffee, lehnt sich in den Türrahmen und sprudelt über vor Begeisterung für dieses Mädchen.

»Sie kann und weiß alles. Wie sie mit den Hunden umgeht, unfassbar professionell«, schwärmt er weiter.

Heike ist seit einer Woche bei uns und wohnt in unserem Personalhäuschen. Im Moment allerdings allein. Es ist Sommer, und wir brauchen nicht mehr Hilfe.

Heike ist Schweizerin wie ich und war mir von einer Freundin empfohlen worden. Das Besondere: Sie ist keine Studentin mehr, sondern schon ausgebildete Tierärztin. Gut, frisch von der Uni, aber immerhin. Sie hat deshalb wirklich nicht nur ein liebevolles Händchen für die Hunde, sondern auch ein professionelles, und kennt sich darüber hinaus auch mit Pferden aus, reitet selbst gut. Damit bringt sie Sven noch zusätzlich aus dem Häuschen.

»Sie hat sich Halle vorhin angesehen und gleich gemerkt, dass etwas mit ihr nicht stimmt. Sie muss anders geritten werden. Es ist besser, wenn du eine Zeit lang nicht mehr mit ihr ausreitest.«

»Wieso?«, frage ich spontan und bin so überrascht, dass ich vor lauter Schreck aufhöre, im Topf zu rühren. Ich lege den Löffel in die Spüle und drehe mich zu Sven.

»Was sagt sie denn über mein Pferd?«, frage ich weiter, als er nicht gleich reagiert, mit Betonung auf »mein«.

Sven geht auf meine Spitze nicht ein.

»Sie meint, es wird etwas mit der Rückenmuskulatur sein. Darum muss sie sich jetzt als Fachfrau kümmern. Ich werde morgen mal mit ihr ausreiten, damit sie sich ein genaueres Bild machen kann.«

»Ein Bild von meinem Pferd? Dann sollte ich mit ihr ausreiten.«

»Was soll das denn? Du kannst dich ja kaum auf einem Pferd halten. Nein, lass mal, da müssen wir beide allein ran.«

»Bislang war ich eine gute Reiterin, zumindest hast du das immer gesagt.«

»Was soll ich denn sonst sagen?«, blafft er mich an. »Dass du besser dein Pferd im Stall stehen lassen solltest? Das wäre ehrlich. Aber willst du das hören? Ich wollte nur nett sein. Meinst du, mit dir zu reiten ist das Größte für mich?«

Diese Breitseite sitzt.

»Sven, es reicht. Wenn du jetzt noch die Mitarbeiter gegen mich aufwiegelst, muss ich wirklich verschwinden.«

Mit einem Ruck reiße ich mir die Schürze herunter, schleudere sie auf den Tresen. »Dann lass doch Heike ab jetzt kochen. Ich bin sicher, dass sie das auch besser kann ...«

Zornig stürme ich an Sven vorbei auf den Flur und laufe auf schnellstem Weg nach oben in unser Schlafzimmer. Ich könnte heulen vor Wut und Enttäuschung. Heike ist gerade mal Mitte zwanzig und eigentlich ein nettes Mädchen. Groß, sportlich, mit glatten blonden Haaren, die sie zu einem Pferdeschwanz bindet. Sie hat lustige Grübchen und leuchtend blaue Augen. Ich mag sie und bin mir sicher, dass sie für die schlechte Stimmung gar nichts kann. Sven benutzt sie nur, um mir eins auszuwischen. Das ist seine Art, Macht zu demonstrieren. Er weiß auch, dass er sich das im Moment erlauben kann. Denn ich kann ja gar nicht weg. Wir haben im Sommer keine Gäste und damit auch kein Einkommen. Ich kann nicht einfach so verschwinden.

Als ich mich später wieder an den Herd stelle und weiter Gemüse brutzle, ist Sven längst wieder draußen, bei Heike. Sie bereitet gerade die Fütterung der Hunde vor. Vermutlich wird er mir gleich erklären, dass niemand so gut die Hunde füttern könne wie Heike. Aber ich nehme auch das hin. Ich habe gelernt, vieles auszuhalten, und kapiert, dass Sven sich nicht mehr ändern wird. Im Gegenteil, er wird immer unerträglicher.

Wenn sich etwas ändern soll, dann muss es von mir ausgehen!

»Was ist das?« Ich schrecke aus dem Schlaf hoch. Draußen ist es taghell und sonnig. Der Wecker zeigt 3.30 Uhr mitten in der Nacht. Ist jemand im Haus unterwegs? Oder im Hof? Die Hunde sind still. Aber das ist kein untrügliches Zeichen dafür, dass sich niemand auf dem Gelände bewegt. Ich habe keine scharfen Alarmanlagen draußen, sondern überaus freundliche, auch an fremde Menschen gewöhnte Tiere, die höchstens neugierig gucken, wenn jemand durch die Zwingeranlage spaziert. Huskys sind absolut keine Wachhunde.

Da. Jetzt wieder. Da ist ein Knacken.

Ich horche. Die Holzdielen knarren. Sind das Schritte? Sven schläft seit einigen Tagen unten in einem der Gästezimmer. Wir haben Dauerstress, und es ist gut, wenn wir uns aus dem Weg gehen, auch nachts.

Das Geräusch klingt merkwürdig.

Ich schlüpfe schnell in meine Hausschuhe und ziehe mir eine Strickjacke über den Pyjama. Um diese Zeit ist der Ofen ausgebrannt und das Haus auch im Sommer kalt. Ich gehe nur ungern durch das ausgekühlte Treppenhaus nach unten.

Da! Jetzt höre ich auch Stimmen. Nein, die Geräusche kommen aus Svens Zimmer. Ob es ihm nicht gut geht? Ich will gerade unbedarft nach ihm sehen, als ich eine Frauenstimme höre. Abrupt bleibe ich stehen, horche an der Tür und mag nicht glauben, was ich höre. Eine helle Stimme kichert vergnügt. Es ist Heike. Und eine Männerstimme brummt zufrieden etwas. Sie gehört zu meinem Mann.

Mit einem Ruck stoße ich die Zimmertür auf. Sven und Heike liegen im Bett, beide sind nackt. Die Geräusche kamen offenbar von ihrem Liebesspiel. Meine Güte, wie doof bin ich eigentlich!

Ein paar Sekunden sauge ich das Bild der beiden in mich auf. Ihre weit aufgerissenen Augen, das nervöse Zucken der Mundwinkel. Heike krallt sich im Betttuch fest, zieht es peinlich berührt über ihre Brüste. Sven will sich nicht verkriechen. Er steht auf, bedeckt mit seinem Hemd seinen Unterleib.

»Mensch, Lotti, warum läufst du denn nachts auch im Haus herum«, stammelt er sichtlich nervös, während er versucht, in seine Jeans zu steigen.

»Ihr wart zu laut«, sage ich schnippisch, drehe mich um – und möchte nur noch weg.

Als ich die Stufen hochstolpere, habe ich wacklige Knie. Aber ich weiß nicht, was ich tief in meinem Inneren fühle. Es herrscht Chaos in meinem Kopf und in meinem Herzen. Ich möchte raus aus dem Haus, so schnell wie möglich. Hastig nehme ich mir Kleidung aus dem Schrank und ziehe mich in Windeseile an.

»Wo willst du hin?«

Sven ist mir nachgelaufen und steht plötzlich im Zimmer. Und es kommt genau das, was er immer macht: Er lenkt von sich und seinem Verhalten ab, indem er mir Vorwürfe macht. »Wieso wunderst du dich darüber? Ich habe mich nur auf das Mädchen eingelassen, weil du mich schon lange ignorierst. Was habe ich denn noch von dir? Nichts. Du sprichst doch kaum noch. Ehe kann man das nicht nennen.«

Er läuft aufgebracht vor mir auf und ab und redet sich weiter in Rage. »Ihr Frauen seid alle gleich. Erst treibt ihr uns Männer weg von euch, und wenn wir uns für jemand anderen interessieren, fangt ihr an zu heulen ...«

»Ich heule nicht«, sage ich trotzig. Und dann baue ich mich vor ihm auf, ganz aufgelöst vor Wut und maßloser Enttäuschung und brülle ihm ins Gesicht: »Ich heule nicht, begreifst du das. Ich heule nicht.«

Dann schnappe ich meine Jacke und laufe an ihm vorbei nach unten auf den Flur und hinaus ins Freie. Ich muss hier raus, weg von diesem Mann, sonst ersticke ich an all diesen Widerwärtigkeiten, die er mir antut.

Was ist bloß aus meinem Leben geworden? Ich lasse mich seit Jahren von Sven demütigen, allein, vor den Gästen, vor meiner Familie, vor dem Personal. Sven nimmt auf nichts Rücksicht. Und jetzt holt er sich auch noch Mädchen ins Haus.

Er schreckt vor nichts zurück. Was kommt denn noch? Ich will nicht mehr so leben!

Auf dem Weg zu einem unserer Quads muss ich an der Zwingeranlage vorbei, und wie auf Knopfdruck beginnt die Hundemeute zu bellen. Ich versuche nicht, meine Tiere zu beruhigen. Es tut mir gut, sie zu hören. Sie lieben mich und singen mir ihr Lied. So fühle ich mich nicht allein. Begleitet von ihrem Gebell steige ich auf das Quad, lasse den röhrenden Motor an und fahre in den auch mitten in der Nacht nur leicht dämmerigen Wald. Auf dem Parkplatz steige ich in den alten Volvo, den ich von meinem verstorbenen Vater geerbt habe, und mache mich auf nach Kiruna.

Ich will zu Elke, einer Schweizer Freundin, die mit ihrem Mann Ole in einem Vorort lebt. Sie arbeiten in der bekannten Eisenerzmine, von der die ganze Region lebt, er als Ingenieur, Elke im Büro.

Es ist zum Glück Samstagnacht, und beide müssen morgen nicht heraus. Ich schreibe Elke vom Parkplatz aus.

»Es ist ein Notfall. Sven schläft mit meiner Praktikantin. Kann ich zu dir kommen?«

Bevor ich den Wagen anlasse, starre ich einen Moment auf das Display. Dann blinkt es schon auf: »Soll ich dich abholen?«

»Ich bin in einer Stunde bei dir!«, antworte ich.

In der Nacht auf der menschenleeren Straße geht mir vieles durch den Kopf. Ich fahre geradeaus und könnte vermutlich noch viele Hundert Kilometer weiterfahren, ohne einem Auto zu begegnen. Die ungeheure Weite und Leere machen mich immer wieder demütig, aber auch innerlich frei.

Auf der einen Seite bin ich wütend auf Heike. Sie ist blutjung und lässt sich hier auf einen mehr als doppelt so alten Ehemann ein. Was denkt sie sich dabei? Glaubt sie an ein gemeinsames Leben? Oder will sie nur eine Affäre? Nimmt sie Sven nur aus Mangel an Alternativen, weil hier oben so wenige Leute leben? Oder ist sie verliebt, weil sie ihm seine ganzen Superstorys abkauft und glaubt, sich einen Helden geangelt zu haben? Und was will Sven? Nur ein bisschen Spaß? Den kriegt man nicht, wenn man die Ehefrau im eigenen Haus mit dem Personal betrügt.

Das ist doch alles Irrsinn. Natürlich verletzt es mich. Auch wenn zwischen Sven und mir im Bett schon länger nichts mehr läuft, mag ich es nicht, betrogen zu werden, schon gar nicht unter meinem Dach.

Der innere Schmerz treibt mir die Tränen ins Gesicht. Wie soll es denn nun weitergehen? Mein Kopf ist dicht. Ich muss die sich wild durcheinanderschaukelnden Gedanken neu sortieren und endlich nur noch an mich und meine Tiere denken. Heike ist garantiert nur eine Affäre, die vergeht. Da bin ich mir sicher. Aber ich will das nicht auch noch hinnehmen. Der ganze peinliche Zwischenfall muss endlich eine Zäsur für mich sein, ein Abschluss, eine Befreiung. Wenn er mit Heike herummacht, lässt er mich wenigstens in Ruhe, und ich bin nicht mehr länger seinen dauerhaften Schikanen ausgesetzt.

Ich werde ruhiger. Vielleicht ist es gut, dass nun der Druck aus dem Kessel ist. Unsere Ehe ist sowieso einer Geschäftsbeziehung gewichen, und das heißt auch, dass ich einige Themen wie Liebe und Treue nicht mehr so wichtig nehmen sollte. Es ist Sommer, wir haben keine Gäste, und es ist genau die ideale Zeit, sich neu zu orientieren.

Ich bleibe nur kurz bei Elke und Ole, weil ich ihr offenes Ohr gar nicht mehr brauche, sondern mehr noch einen guten Kaffee und ein ordentliches Omelett. Natürlich bestätigen sie mich und sagen mir offen, was sie schon lange denken: »Bleib nicht bei diesem Mann! Er hat dich nicht verdient und schadet dir nur.«

Nur wenig später kehre ich wieder zurück. Der erste Schock ist vorbei, aber trotz der Ideen für die Zukunft, die mir durch den Kopf schießen, überrumpeln mich dann meine Gefühle: Auch wenn ich längst weiß, dass meine Ehe Geschichte und die Trennung für mich das Beste ist, kann ich nicht damit umgehen, dass mein Mann eine Geliebte hat, und ich empfinde die »Ehe zu dritt« als riesengroße Demütigung. Zumal sich beide nicht die geringste Mühe geben, ihre ach so großen Gefühle vor mir zu verbergen.

Schon im Flur höre ich bei meiner Ankunft den Fernseher. Sie haben es sich auf unserem Sofa bequem gemacht und kichern ungezwungen zu einem Liebesfilm. Ich fühle mich bei dem Bild, das sich mir zeigt, erniedrigt, nein, mehr gewissermaßen in den Boden gestampft. Man muss sich nicht lieben, kann sich aber dennoch respektieren und achten. Hier passiert beides nicht.

Einen Tag lang verlasse ich kaum mein Zimmer. Ich heule sprichwörtlich »ins Kissen«, weil ich diese Nähe zu dem »Traumpaar« nicht ertragen kann. Und beide scheinen sich einen Spaß daraus zu machen, mich zu verletzen. Sowie ich auftauche, küssen und herzen sie sich besonders innig, und ich beginne, meinen Mann nur noch zu verachten. Er ist ein armseliges Würstchen.

Nach drei Tagen voller Tränen und Endlos-Telefonaten mit meinen Geschwistern komme ich Schritt für Schritt mit der Situation zurecht. Ich akzeptiere es nicht nur, sondern schlage sogar vor, in die Personalhütte zu ziehen, um den beiden Platz im Haus zu machen. Ich möchte endlich nur an mich denken, Ruhe finden, Kraft schöpfen, und glaube, dass das am besten geht, wenn ich die beiden so wenig wie möglich sehe.

Doch Sven will davon nichts wissen. Heike soll bleiben, wo sie ist, und die beiden möchten zusammen sein, wo es ihnen passt. Egal, ich räume jedenfalls das eheliche Schlafzimmer und quartiere mich in einem der Gästezimmer ein.

Und so leben wir jetzt in einer ungewöhnlichen Wohngemeinschaft zu dritt, und es kommt ständig zu kuriosen Begegnungen:

»Schatz, kommst du?« Heike steht im Flur, nickt mir kurz zu und ruft nach Sven. Eigentlich bin ich entsetzt, wie niveaulos sie sich verhält. Aber ich nehme es hin, weil ich weiß, dass ich letztlich am längeren Hebel sitze. Und wie heißt es so passend: Wer zuletzt lacht, lacht am besten.

»Wir wollen ausreiten«, sagt mir Heike, und ich nicke ihr teilnahmslos zu. Wie selbstverständlich sattelt sie wenig später meine Halle, und dann sehe ich sie mit meinem Pferd und – zumindest auf dem Papier ist er das noch – meinem Mann, wie sie am Fenster vorbei Richtung Wald traben.

Sie ist blutjung, ein halbes Kind, und führt sich hier auf, als sei sie die Chefin. Und Sven bestätigt sie darin und verhält sich damit genauso armselig.

»Sie hat wirklich alles im Griff«, betont er in meiner Gegenwart bei jeder Gelegenheit und scheint sich nicht einmal dafür zu schämen.

Doch statt mich über den Irrsinn aufzuregen, kümmere ich mich um meine Tiere und nutze die herrliche Jahreszeit, um stundenlang mit meiner Wanda durch den Wald zu stiefeln. Ich habe einen kleinen Eimer und einen Beerenkamm dabei und sammle die herrlichen Früchte, die jetzt in diesen lichtdurchfluteten Wäldern so üppig wachsen.

Lappland ist ein wahres Beerenparadies. In gebückter Haltung gehe ich durchs Unterholz, den Blick immer auf die knöchelhohen Sträucher am Waldboden gerichtet. Ich werde schnell fündig, und hinter gefühlt jedem Zweig verbirgt sich schon die nächste Beere: Heidelbeeren, Preisel- und Kranbeeren. Hier wächst alles wild in der Natur und das in ungeahnter Pracht. Übrigens auch Sanddorn.

Allen voran suche ich nach Moltebeeren, diesen köstlichen, fein-süßen gelben Früchten, die herrlich zu Käse passen und auch als »Gold der Wälder Lapplands« bezeichnet werden. Wenn ich nach Hause komme, ist mein Eimer gut gefüllt, die einzelnen Sorten trenne ich mit Folien. Aber es geht mir nicht nur um den Genuss der Beeren.

Ich brauche vielmehr Abstand, um einen klaren Blick zu bekommen und wieder das Leben anzusteuern, das mir guttut. Und mit jedem Tag in den Wäldern sehe ich deutlicher, wie es mit mir weitergehen kann und soll. Ich werde nicht Hals über Kopf mein Zuhause verlassen und meine geliebten Hunde im Stich lassen. Warum soll denn auch *ich* gehen? Ich liebe mein Leben hier oben, und letztlich habe ich uns mit meinem Geld den Start erst ermöglicht. Sven ist ein Trittbrettfahrer, der auf meine Kosten lebt ...

Und deshalb werde ich um meine Existenz in Schweden kämpfen. Sven muss sich warm anziehen.

Kurz hinter Kiruna biege ich von der Hauptstraße ab. Hier, hinter dichten Wäldern, liegt ein idyllischer Campingplatz. Er gehört Ulv, und Elke hat mich bei ihm schon angekündigt.

Ich kenne Ulv nicht. Ich kenne überhaupt kaum Schweden. Sven hat im Gegensatz zu seiner anfänglichen Aussage nie gewollt, dass ich die Landessprache wirklich lerne. Immer wenn ich mit einem Buch Grammatik und Vokabeln pauken wollte, hat er sich darüber lustig gemacht und mir zu verstehen gegeben, dass es nie etwas damit werde. Mittlerweile glaube ich, dass es für ihn die perfekte Chance war, Geschäfte hinter meinem Rücken zu machen. Er konnte mit den Banken und Unternehmern offen sprechen, ohne dass ich eine Idee hatte, worum es ging.

Aber auch damit ist es jetzt vorbei. Ich habe meine Schwedisch-Bücher schon wieder herausgekramt und mich vorbereitet. Bei Ulv kann ich das Gelernte direkt anwenden, bevor wir in Englisch weitermachen, mit dem man in Schweden recht weit kommt.

Ich falle gleich mit der Tür ins Haus: »Kannst du mir eine deiner Hütten vermieten?«

Ulv scheint bereits bestens instruiert zu sein, denn er versteht sofort, was los ist, und nickt.

»Es gibt nur ein Problem. Ich habe kein Geld.«

Auch jetzt versteht er genau, was ich meine ...

»Ich weiß, du kannst es dir hier verdienen.«

Elke hat gute Vorarbeit geleistet. Mir fällt ein Stein vom Herzen, und leise sage ich: »Danke!«

Er ist ein brummiger Bär und murmelt nur: »Wofür?«

Die Schweden, die hoch im Norden leben, sind keine Schwätzer. Aber sie haben das Herz am rechten Fleck. Ulv bestätigt das gerade.

Als ich ins Auto steige, trommle ich mit den Fingern fröhlich auf dem Lenkrad. Es geht bergauf.

In dieser Stimmung fahre ich sofort zu Göran Larsson und seiner Frau Helena.

Die beiden kenne ich schon seit dem ersten Tag, als ich hier angekommen bin. Göran Larsson ist Schlittenbauer, ich glaube, der einzige in Lappland, der noch einen Schlitten komplett von Hand herstellt. Er steht für beste Qualitätsarbeit, und wir haben alle unsere acht Schlitten bei ihm gekauft und uns dabei auch angefreundet.

Göran Larsson weiß, dass ich gelernte Schneiderin bin – und nach einer kurzen Begrüßung frage ich ihn geradeheraus, ob ich künftig seine Schlittensäcke nähen könne. Zum einen möchte ich auf diese Weise die noch bestehenden Außenstände abarbeiten und zum anderen meinen Lebensunterhalt verdienen.

Göran Larsson ist einverstanden: Ich könne jederzeit anfangen, wenn ich wolle, gern auch sofort. Ich juble innerlich.

Das Gespräch dauert dann noch einiges länger, weil sich auch Helena zu uns setzt. Wir trinken Tee, essen Kuchen und plauschen miteinander. Aber wir sprechen nur über die Arbeit, und auch im Rahmen des anschließenden Small Talks stellen sie keinerlei Fragen nach Sven. Es hat sich wohl längst bis zu ihnen herumgesprochen, dass er eine Affäre hat. Und nun wollen sie mich etwas aufheitern. Meine Ehe, die haben sie längst abgehakt.

Als ich an diesem Abend nach Hause fahre und mit dem kleinen Quad durch den Wald rumple, bin ich zum ersten Mal seit Langem zufrieden. Ich habe viel erreicht. In meinem Kopf herrscht endlich Klarheit, und ich weiß, wie mein Leben weitergehen kann: Ich habe eine Bleibe, und ich habe einen Job. Bei Ulv werde ich die Buchungen für seine Anlage vornehmen und bei Göran Larsson sämtliche Schlitten ausstaffieren. Er stellt mir eine Nähmaschine in ein kleines Holzhaus, und ich kann so viel arbeiten, wie ich mag und Geld brauche. Perfekt!

Sven sehe ich an dem Abend nicht mehr. Als ich in mein Gästezimmer gehe, höre ich den Fernseher im Wohnzimmer. Sie sehen sich einen Krimi an. Sollen sie, ich bin froh, wenn sie mich in Ruhe lassen.

Ich gehe fort, das steht fest, und muss jetzt nur einen passenden Moment finden, in dem Sven es nicht mitbekommt.

Auf große Auseinandersetzungen habe ich keine Lust mehr. Ich werde den alten Volvo mitnehmen, meine Kleidung und natürlich meine geliebte Katze Tikka, die Einzige, die mir noch geblieben ist, denn Charly ist vor Kurzem nach einem langen und erfüllten Katzenleben friedlich eingeschlafen.

Um die Hunde muss ich mich nicht sorgen. Sven liebt die Tiere und wird sie gut versorgen.

Es wird auch nur für ein paar Wochen sein. Denn ich bin mir ziemlich sicher, dass Heike dann das Weite suchen und Sven, wie immer in aussichtslosen Situationen, ebenfalls abhauen wird. Hier auf der Lodge kann er ohne mich jedenfalls nicht bleiben. Niemand wird ihm Geld geben oder ihm vertrauen. Ich bin die Letzte, mit der er es sich verscherzt; andere haben schon längst die Nase von ihm voll.

Ich muss also eigentlich nichts weiter tun, als abzuwarten.

»Ich bin zwei Tage nicht da. Du kommst doch auch ohne mich zurecht, oder?«, vernehme ich plötzlich eines Morgens Svens Stimme.

Ich stehe gerade auf der Terrasse und beobachte das fröhliche Treiben zweier Eichhörnchen, die ungestüm am Geländer entlangsausen, um sich aus dem Vogelfutterzylinder ein paar Nüsse zu stibitzen. Ich liebe diese possierlichen Tierchen, und es beruhigt mich, sie zu beobachten. Zwei Blaumeisen gesellen sich dazu, und kurz darauf taucht auch noch ein besonders seltener Dompfaff auf mit einer herrlich rotgefiederten Brust ...

Da kommt Sven auf mich zu und sieht mich etwas verlegen an. »Ich habe eine Einladung von Niklas«, nuschelt er.

Niklas ist sein Freund, die beiden gehen regelmäßig fischen.

Was erwartet er jetzt von mir? Soll ich mich für ihn freuen? Oder sauer reagieren?

»Viel Vergnügen«, sage ich schnippisch. »Weiß Heike Bescheid, dass sie die Hunde versorgen muss? Ich habe heute meinen Buchhaltungstag und bin sehr eingespannt.«

Ich versuche, so unbeteiligt wie möglich zu klingen. In Wahrheit aber macht mein Herz einen Freudensprung.

Sven ist gleich weg. Wunderbar! Niklas lebt in Norwegen, zwei gute Autostunden entfernt. Das ist der Startschuss, um meine Sachen zu packen. Und auch wenn Heike Sven anruft und erzählt, dass ich mit Gepäck unterwegs sei, kann er mich nicht mehr stoppen. Bis er zurück ist, bin ich längst über alle Berge.

Als Sven zurück ins Haus geht, seine Sachen holt und ins Auto steigt, starre ich noch einen Moment auf die beiden Eichhörnchen, die nach wie vor auf dem Geländer herumturnen: Es ist so weit. Ich ändere jetzt auf einen Schlag mein Leben!

Ich habe Zeit, ganz viel Zeit, und die verbringe ich jetzt mit meinen Hunden, vor allem mit Wanda und meinem Team.

Meine Wanda steckt ihren Kopf durch die Futterklappe und sieht mich neugierig an. Ich öffne die Zwingertür, gehe in die Hocke und schmiege mein Gesicht in ihr Fell. Ihre kräftigen Pfoten tapsen nach mir.

»Ich bin bald wieder da!«, murmle ich und spüre die heißen Tränen auf meiner Wange.

Ich sitze lange dort mit ihr im Zwinger, streichle sie und sehe ihr fest in die Augen. »Ich komme wieder, schon so bald, und wenn dann der erste Schnee liegt, geht's hinaus und wir machen eine Endlos-Tour in die Berge«, verspreche ich ihr innig.

Ich vertraue mich auch den vielen anderen Hunden an, erkläre ihnen liebevoll, dass sie eine Zeit lang ohne mich auskommen müssten, ich aber bald wieder daheim sei.

Ich spreche mit Tokyo und frage, ob er noch Schmerzen habe, und erkläre Elvis, dass er auf seine kleine Schwester aufpassen solle, da sie sich immer überarbeite. Heini bitte ich, sich den Sommer über zu schonen, und Siggi ermahne ich, sich nicht ständig mit dem viel stärkeren Peter anzulegen. »Du hast keine Chance. Das tut nur weh«, appelliere ich an sie und zupfe dabei ihre knuffigen Ohren, weil sie das so gernhat.

Ich gehe auch zu den Puppys und sage ihnen, dass ein schönes Leben vor ihnen liege und ich sie niemals im Stich lassen würde.

Ich bin lange unterwegs, bestimmt fast drei Stunden. Dann packe ich zwei Taschen mit Kleidung und verstaue alles, begleitet von Heikes überraschten Blicken, auf dem Anhänger des Quad.

Als ich zurück ins Haus gehe, um noch die Katzenkörbe zu holen, wird mir für einen Augenblick ganz flau ums Herz. Ich bin schon sehr wehmütig. Immerhin war dieser wunderbare Ort viele Jahre mein Zuhause, und ich hätte nie gedacht, dass ich mich einmal heimlich von hier wegstehlen muss, und wenn auch nur vorübergehend.

Als ich das Quad starte, steht Wanda am Zaun und sieht mir nach.

Sie versteht mich und wird auf mich warten.

Ich muss diesen alles entscheidenden Schritt machen. Sonst sind wir alle verloren …

Der Ruf der Tundratrommeln
und mein Kampf um die Hunde

»Du siehst schon viel besser aus, Lotti. Ich glaube, dein neues Leben tut dir gut!«

Göran Larsson legt mir eine neue Auftragsliste hin. »Hier, über zu wenig Arbeit musst du nicht klagen. Ich kann dich für ein Jahr beschäftigen.«

Zu den Papieren stellt er mir einen frisch gebrühten Tee auf ein Beistelltischchen und setzt sich zu mir.

»Komm, mach mal eine Pause.«

Ich lächle ihn dankbar an und stelle zu gern die Maschine ab, nippe an dem leckeren Tee.

Es geht mir wirklich recht gut. Seitdem ich von Sven weg bin, läuft mein Leben wieder rund. Ich fühle mich wohl in dem kleinen Häuschen von Ulv, und die Arbeit bei Göran Larsson bringt mir gutes Geld. Ich habe meine eigene kleine Nähstube direkt neben seiner Schlittenwerkstatt und verbringe dort den ganzen Tag.

Gut, Svens Hässlichkeiten sind nicht vorbei. Statt sie mir wie früher ins Gesicht zu sagen, bekomme ich heute ständig SMS, in denen er mich beschimpft und mir die Hölle auf Erden wünscht und natürlich Geld will. Aber dagegen kann ich mich leichter wehren. Ich muss sie nicht lesen, und manchmal blockiere ich ihn einfach. Doch ich will den Kontakt insbesondere wegen der Tiere, die mir am Herzen liegen, nicht ganz abreißen lassen.

Von Tag zu Tag werde ich innerlich ruhiger, und von Tag zu Tag bin ich leistungsstärker und zuversichtlicher.

Ohne Sven bricht sich mein eigentlich positives Naturell wieder Bahn. Das Leben ist keine Qual mehr, sondern ein Geschenk. Ich liebe es, abends auf Ulvs Gelände mit Tikka am See entlangzuspazieren, leckere Pilze zu sammeln und den Indian Summer mit seinen wunderbaren Farben zu genießen.

Ich fühle mich wohl hier, und entsprechend leicht geht mir auch die Arbeit für Göran Larsson von der Hand.

»Alle sind von deinen Schlittensäcken begeistert«, meint er. »Es ist wirklich prima, was du machst.«

»Ich tue es auch gern«, seufze ich. »Aber noch lieber würde ich von zu Hause aus für dich nähen.«

»Du willst nach Hause, ich weiß, Lotti«, sagt Göran Larsson mitfühlend. »Aber komm, halt noch etwas durch. Ihr Schweizer dürft nicht immer so ungeduldig sein.«

Ich genieße den Tee und auch die Pause. Göran Larsson ist supernett. Unsere Beziehung geht weit über eine Geschäftsbeziehung hinaus. Ich habe mich ihm schon vor meinem Auszug oft anvertraut, und er teilt meine Meinung, dass Sven unberechenbar, ja vermutlich psychisch krank ist. Göran Larsson hat mir schon vor Jahren geraten, ihn zu verlassen. Aber da hatte ich noch keinen Plan im Kopf und wusste nur eins: Ich darf meine Hunde nicht im Stich lassen. Meine Hunde, allen voran meine Wanda, sie fehlen mir sehr.

Direkt neben Göran Larsson gibt es einen Tourenanbieter, der wie wir viele Huskys hält. Wenn ich morgens zur Arbeit gehe, höre ich sie bellen und bin immer ganz traurig. Dann sehe ich Wanda vor mir, wie sie mich mit ihren braunen

Augen anblickt und dabei neugierig den Kopf zur Seite legt. Sie hat mich seit Sissys Tod einige Jahre durch die Wildnis begleitet, auf meine Sicherheit geachtet und die anderen Hunde aus dem Team hervorragend geführt. Jetzt ist sie allein. Aber uns verbindet ein unsichtbares Band, und sie fühlt, dass ich an sie denke und wir bald wieder vereint sein werden.

Die Zeit arbeitet für mich. Das lässt mich stark sein. Zumal die Tundratrommeln bereits spannende Neuigkeiten verkünden: Angeblich hat Sven Reisepläne ausposaunt. Er müsse in der Schweiz an der Schulter operiert werden. Natürlich ist es kein normaler Eingriff. Für Sven komme eigens ein Spezialist aus den USA, um die hoch komplizierte OP durchzuführen. Natürlich, alles ist wieder ganz dramatisch.

So wie damals, als Kaisa ihn ausgenommen und angeblich ohne Geld zurückgelassen habe. Ich bin mir heute sicher, dass alles ganz anders war. Aber so wie ich ihm damals auf den Leim gegangen bin, so wird jetzt Heike seine Märchen glauben und mit Sicherheit ebenfalls sämtliche Kosten übernehmen müssen. Denn eines ist klar: Sven hat kein Geld für eine Reise in die Schweiz.

Ich freue mich riesig über diese Nachricht, denn das heißt, dass meine Rechnung aufgeht. Er wird gehen müssen, weil ich ihm fehle – als Puffer. Ich habe nämlich auch gehört, dass alle wissen, dass Sven die Lodge heruntergewirtschaftet hat und es mit mir ganz anders aussehen würde. Jetzt ist niemand mehr da, der die Gläubiger beruhigt, ihnen versichert, dass wir ihnen keine Krone schuldig bleiben werden, und die mir vertrauen, weil ich immer mein Wort halte.

Sven vertraut niemand! Er bekommt nirgendwo einen Kredit, und jeder Tag ohne mich verschlechtert seine Situation.

Er kann es finanziell nicht schaffen, bis zum Winter durchzuhalten. Denn erst dann kommen wieder kontinuierlich Gäste, die Geld in die leeren Kassen spülen.

Seine Heike wird jetzt mit ihren 26 Jahren für ihre neue, ach so große Liebe die Kartoffeln aus dem Feuer holen müssen. Ob sie es tut oder sich absetzt? Keine Ahnung. Ist mir, ehrlich gesagt, auch egal. Aber auf jeden Fall bleibt es spannend. Nicht alle Frauen sind – zum Glück – so doof, wie ich es war. Und nicht alle bringen auch so viel Geld mit wie ich.

Göran Larsson sieht mir an, dass mir einiges durch den Kopf geht. Er legt mir vertrauensvoll den Arm um die Schulter und nickt mir aufmunternd zu. »Weißt du, Lotti, du musst nicht so viel grübeln, denn es wird nichts Schlimmes mehr passieren. Von Anfang an habe ich an dir geliebt, dass du nie aufgibst. Was du willst, erkämpfst du dir. Du willst deine Tiere behalten und die Lodge retten, und beides wird dir gelingen. Du bist eine starke Frau, du schaffst das.«

Göran Larssons Worte sind Balsam für meine Seele. Er ist ein wunderbarer Freund und Ratgeber, und seine Frau Helena eine liebenswerte Gastgeberin. Just in dem Moment steht sie mit einem himmlischen schwedischen Butterkuchen in der Tür, der berühmten Prinzessinnen-Torte, die wohl jeder Schwede liebt. Sie besteht aus lockerem hellem Kuchen, Vanillecreme, Beerenkonfitüre und Sahne, alles fein säuberlich aufeinandergeschichtet. Das Ganze wird am Ende mit einem hellgrünen Marzipanmantel umhüllt. Alle meine Gäste fragen immer danach, und ich kann sie mittlerweile auch recht ordentlich zubereiten.

»Oh, wie lecker, Helena«, rufe ich ihr zu. »Ich erinnere mich, dass ich das Rezept von dir bekommen habe, vor vielen Jahren.«

»Ich weiß, Lotti, du warst schon damals eine exzellente Köchin. Erinnerst du dich an deine erste Einladung auf der Lodge? Du hast schwedischer gekocht als ich.«

Sie zwinkert mir zu und schneidet mir ein Tortenstück heraus.

»Hier, für dich. Sie ist gut für die Seele!«

Ich lächle und freue mich sehr über das Kompliment – und noch mehr über die Gewissheit, hier hoch im Norden Schwedens wirkliche Freunde gefunden zu haben.

Als ich wieder allein bin, fühle ich mich gut. Ich brauche rund einen Tag für einen Schlittensack und habe Arbeit für viele Wochen. Meine Existenz ist im Moment gesichert. Ich kann warten.

Es ist Samstagfrüh, und ich bin noch im Bett, als das Telefon klingelt. Ich muss heute nicht zur Arbeit und kann mir den Luxus gönnen, länger liegen zu bleiben. Verschlafen sehe ich Tikka an, die mich von ihrem Körbchen aus müde und zerzaust anblinzelt.

Dann erkenne ich im Display meines Telefons die Nummer. Sie gehört zu Sandra, der Ansprechpartnerin eines deutschen Reiseunternehmens vor Ort, mit dem wir seit Jahren zusammenarbeiten. Sandra, eine kleine, etwas pummelige

Frau in meinem Alter, ist eine durch und durch sympathische Dame mit dem Herzen am rechten Fleck, und sie weiß schon lange, was sich bei uns im »Snowtrail Dogcamp« abspielt. Ich weiß aber nicht, ob sie mitbekommen hat, dass ich nicht mehr auf der Lodge bin. Ob sie deshalb so früh anruft?

»Lotti, du musst sofort kommen!«, höre ich ihre aufgebrachte Stimme. »Morgen reisen die Gäste an, und dein feiner Ehemann ist anscheinend gestern einfach abgehauen, hat das Weite gesucht, mit dieser Tierärztin.«

Sandra ist so außer sich, dass sich ihre Stimme fast überschlägt und sie nicht einmal an eine Begrüßung denkt.

»Er hat uns heute Nacht geschrieben, dass er für eine Operation dringend in die Schweiz reisen müsse.«

Sandra atmet jetzt schwer.

»Erst heute Nacht befand er es für nötig, uns das mitzuteilen, Lotti! Das ist doch unfassbar. Und dann kam gleich die nächste Mail hinterher mit der Info, dass du seit einiger Zeit gar nicht mehr dort seist. Ich bin aus allen Wolken gefallen, wirklich«, tobt sie jetzt weiter am Telefon. »Obwohl, ich verstehe dich ja. Dein Auszug war längst überfällig. Wir haben uns hier häufig gefragt, warum du das alles mitmachst.«

Sie keucht jetzt vor Aufregung. »Dieser Schuft haut einfach ab und lässt uns alle mit den Problemen zurück!«

Ich höre, dass sie nebenbei eine Mail schreibt, vermutlich an die Zentrale.

»Und morgen früh kommen sieben Gäste in Kiruna an«, erzählt sie weiter, »und ich kann ihnen nicht ihre gebuchte und bereits bezahlte Tour bieten. Lotti, das ist eine Katastrophe. Du musst kommen und dein Geschäft weiterführen. Lotti, hörst du!«

Sandra muss mich nicht überreden. Ich bin längst hellwach, sitze mit klopfendem Herzen im Bett.

»Ist er wirklich weg? Woher weißt du das?«

»Ein Kollege hat mir das erzählt. Der feine Sven hat sein blondes Schätzchen und die Pferde mitgenommen. Angeblich will er nach Zürich. Aber du weißt ja, dass er lügt, wenn er den Mund aufmacht.«

Sandra ist immer noch außer Atem.

»Das ist eine Frechheit, dass er uns so in der Luft hängen lässt. Ich habe ihn erst vor zwei Wochen gefragt, ob er die kurzfristige Buchung übernehmen könne. Wo soll ich denn jetzt mit den Gästen hin?«

»Zu uns«, sage ich knapp und bin froh, dass ich meine Handynummer behalten habe.

Ich streife mir schon die Nachtwäsche ab und ziehe Jeans und Pulli an. »Ich bin in spätestens einer Stunde dort und bereite alles vor. Die Gäste können kommen. Ich mache die Touren mit ihnen.«

Ich bin ruhig und konzentriert und hole mir jetzt zurück, was mir mein lieber Mann wegnehmen wollte.

Wanda, ich komme. Wenn wir jetzt zusammenhalten, haben wir es bald endlich richtig schön!

Als ich nach fast fünf Monaten wieder am Parkplatz aufs Snowmobil steige, packt mich neben der Vorfreude auf meine Tiere auch ein bisschen Schwermut. Svens Flucht ist jetzt wirklich der Schlusspunkt unter unserer Beziehung, die sich nach einem wunderbaren Start ganz schnell als Albtraum entpuppte.

Ich fahre durch die eisig kalte Waldlandschaft und muss schon nach wenigen Metern bremsen, weil ein Rudel Rentiere den Weg passiert.

Die Rentierzucht ist in Schweden den Samen, der Urbevölkerung, vorbehalten. Die Tiere ziehen frei in der Wildnis umher, haben aber alle Besitzer und sind entsprechend markiert. Sie laufen gern in kleinen Herden an der Straße entlang, und man begegnet ihnen wirklich überall. Sie sind auch das Wahrzeichen Lapplands. Ich liebe diese herrlich putzigen Tiere, die längst nicht so scheu sind wie unsere Wildtiere.

Ach, es ist einfach wunderschön hier!

Als ich über die letzte Kuppe fahre, höre ich schon einige unserer Hunde bellen. Sie vernehmen das Surren des Snowmobils – und sie hören auch mich. Beim Absteigen bellen wohl alle hundert Huskys begeistert los und springen an ihren verschneiten Zwinger-Gittern hoch. Sie erkennen mich und zeigen deutlich ihre Wiedersehensfreude. Zum Glück gibt es keinen Neuschnee, und Sven hat in der ganzen Anlage bereits die Wege vom Schnee räumen lassen. Das macht mir ihre Versorgung leicht.

Als Erstes trage ich Tikka ins Haus. Ich muss aufpassen, dass sie nicht einem meiner frei laufenden Hunde vor die Füße gerät. Das Kätzchen macht Freudensprünge, als es erkennt, wo es ist, und legt sich gleich auf seinen Lieblingsplatz auf der Fensterbank.

Danach ziehe ich mich »zwingerfest« an, gehe durch die komplette Anlage und begrüße jedes meiner Tiere mit einer ganz besonderen Streicheleinheit.

Immer wieder sage ich »brav«, »lieb«, »toll«. Zu einigen gehe ich auch in den Zwinger, streichle ihre Köpfe, die Bäuche. Ich weiß ja bei jedem Hund, wo er gern getätschelt werden möchte.

Besonders lange bleibe ich bei Wanda. Sie legt sich wie immer auf den Rücken und genießt es, wenn ich ihr den Bauch kraule. Später schmiege ich meinen Kopf an ihren kuscheligen Hals und genieße es, ihren gleichmäßig ruhigen Herzschlag zu hören. Minutenlang bleibe ich so sitzen und freue mich, wieder zu Hause zu sein, bei meinen Tieren ... und endlich ohne Sven.

Als ich später im Haus meine Koffer ausräumen möchte, erwartet mich Chaos: Schränke stehen offen. Der Esstisch ist nicht abgeräumt. Es sieht wirklich ein bisschen nach Flucht aus. Das Büro ist ausgeräumt, der PC jedoch mitgenommen. Aber den Ordner mit den Kontoauszügen hat Sven dagelassen. Ich war allerdings schon bei der Bank und weiß, dass alle Zahlen tiefrot sind.

Unruhig gehe ich dann zur Scheune mit dem Hundefutter, und es bestätigt sich, was ich schon geahnt habe. Die Vorräte sind so gut wie aufgebraucht. Und jetzt?

Ich kann Sven viel Schlechtes nachsagen. Aber zu seinen Tieren war er immer lieb und fürsorglich. Jetzt hat er sie zurückgelassen, ohne an ausreichendes Futter zu denken. Was wäre wohl passiert, wenn Sandra die Gäste woanders untergebracht und mich nicht angerufen hätte? Er kann doch nicht einfach abhauen und die Tiere ihrem Schicksal überlassen! Das ist brutal, so ein Verhalten hätte ich ihm nie zugetraut. Aber vielleicht hat er es sich auch, wie immer, nur leicht gemacht und gedacht, man würde mich, die sich dann wie stets um alles kümmert, schon anrufen.

Was ist das bloß für ein armseliger Kerl?! Selbst das Schicksal seiner Tiere überlässt er anderen.

Ich will mit diesem Mann nichts mehr zu tun haben und werde mich so schnell es geht scheiden lassen.

Vorläufig habe ich mir schon eine Strategie zurechtgelegt, quasi als Notfallplan. Von meinem Verdienst bei Göran Larsson konnte ich mir ein bisschen Geld zurücklegen, das reicht erst einmal für Futter.

Ich muss nach vorn sehen und hoffen. Gleich kommen die Gäste an. Es muss eine Lösung geben, und ich werde sie finden.

Für das Wohl meiner Tiere werde ich kämpfen.

»Ich weiß nicht, wie ich die Tiere langfristig ernähren soll!«, klage ich und schiebe Sandra eine kurze Aufstellung hinüber. »Ich brauche allein 20.000 Kronen im Monat für das Hundefutter, und auf den Konten ist kein Geld.«

Sandra sitzt mir am Schreibtisch gegenüber, streicht sich gedankenverloren durch ihr kurz geschnittenes blondes Haar, während sie die Zahlen prüft. Wir trinken einen Tee und besprechen, wie es weitergehen kann.

Die erste Ausfahrt hat gut geklappt. Die Gäste ruhen sich in ihren Zimmern aus. Sie sind müde. Ich bin es auch, sehr sogar, habe aber keine Zeit, darüber groß nachzudenken. Denn ich muss gleich das Abendessen zubereiten. Sandra wird mir beim Kochen helfen. Später werden wir beim gemütlichen Zusammensein für gute Stimmung sorgen.

Aber vorher muss ich mit ihr mein größtes Problem besprechen: das knappe Geld. Und noch etwas liegt mir auf dem Herzen. Ich zweifle an den betriebswirtschaftlichen Erfolgsaussichten der Lodge.

Den ganzen Tag über sind mir die Zahlen nicht mehr aus dem Kopf gegangen: Wenn wir in der Wintersaison nicht nahezu ausgebucht sind, kann sich die Lodge nicht rechnen.

Ich fühle mich mit diesem Wissen regelrecht an die Wand gedrückt. Hat es überhaupt Sinn weiterzumachen? Oder kämpfe ich wie eine Maus im Butterfass?

Sandras Antwort überrascht mich.

»Sorg dich nicht um das Futter«, sagt sie knapp. »Das Geld besorge ich von der Firma! Wir strecken es vor. Du kannst es gleich bestellen.«

»Wirklich?«, frage ich ungläubig und erleichtert zugleich. Ich schließe die Augen und bin ihr unendlich dankbar.

Aber Sandra spricht gleich weiter.

»Lotti, hör mir jetzt zu. Die Lodge ist großartig. Sie läuft doch nur nicht wegen Sven. In den richtigen Händen, also in deinen, rechnet sie sich!«

»Wie meinst du das?«

»Ich kenne die Konkurrenz. Du hast hier viele Vorteile. Die Lage am See und die großartigen Trails in deinem direkten Umland, das ist einmalig. Da gibt es nichts Vergleichbares.«

»Aber wir haben hohe Kosten. Es ist ja nicht nur das Futter. Die Versicherungen, die Investitionen, die Praktikanten, die Verköstigung der Gäste, eigentlich bräuchte ich langfristig einen Koch, der aber auch bezahlt werden muss. Ich kann das doch nicht alles allein machen.«

»Musst du auch nicht«, meint Sandra. »Das lässt sich alles organisieren.«

Sie nimmt plötzlich meine Hand.

»Lotti, meine Liebe. Gib jetzt nicht auf. Du hast so viele Jahre mit diesem Kerl ausgehalten. Das hätte kaum jemand geschafft. Jetzt ist es vorbei. Nun kannst du dich endlich auf dein Geschäft konzentrieren und es zu einem Erfolg machen. Kämpf noch ein, zwei Jahre, dann wirst du das Ergebnis auf dem Konto sehen. Ich kann dir genug Gäste vermitteln, die sich wohlfühlen werden. Du hast das Zeug dazu, sie hier oben glücklich zu machen.«

»Das Zeug dazu vielleicht. Aber nicht die Zeit. Auch für mich hat ein Tag nur 24 Stunden, Sandra. Einer allein kann diese Lodge nicht führen. Ich kann die Touren anbieten, aber nicht zeitgleich die Lodge verwalten. Man kann das nur als Team schaffen. Ich bekomme allerdings um diese Zeit keine Fachkräfte mehr.«

»Ich sehe das genauso und habe schon nachgedacht, wie eine Lösung aussehen könnte. Und auf dem Weg hierher kam mir ein Gedanke ...«

Sandra lächelt mich triumphierend an.

»Ich habe jemanden, der dir wirklich helfen kann und dich wunderbar unterstützen wird.«

»Wie? Und denjenigen zauberst du jetzt so einfach aus dem Hut?«

»Ja, genau!«, lacht Sandra. »Aber Spaß beiseite. Es ist Barbara, und ich kenne sie schon lange. Barbara ist Schweizerin wie du und hat mit ihrem Partner sechs Jahre lang eine Lodge in Finnland geführt. Ein wirklich schönes Unternehmen. Die Beziehung ist zerbrochen, und Barbara hat sich mit sechs Hunden allein selbstständig gemacht und gemerkt, was auch du gerade gesagt hast: Allein geht es nicht. Ich glaube, gemeinsam wärt ihr ein Dream-Team ... Zumal ihr euch auch gegenseitig eure Wunden lecken könntet, um im Bild zu bleiben.«

»Schöner Vergleich«, frotzle ich und bin gerade etwas überfordert und entsprechend durcheinander.

Aber Sandra bietet mir eine wirklich gute Lösung an. Ich brauche jemanden, der mir die Ausfahrten abnimmt. Dann kann ich mich intensiv um die Verwaltung der Lodge, die Buchungen und die Gästebetreuung kümmern.

Obwohl, ich zögere. Ich weiß nicht, ob ich das schaffe. Im Moment habe ich keine Kraft mehr. Die anstrengende Ausfahrt im Schnee, die Sorgen um meine Tiere. Ist es wirklich sinnvoll, noch einmal so durchzustarten und neu anzufangen?

Ich schließe die Augen. Ruhe, ich möchte eigentlich nur Ruhe. Nichts mehr entscheiden, nichts mehr umsetzen, nicht mehr kämpfen müssen.

»Lotti?« Sandra fasst mich besorgt an der Schulter. »Lotti, du packst das. Glaub mir. Sag Ja, und ich rufe gleich Barbara an.

»Meinst du wirklich, ich kann das?«

Sandra nickt.

»Ja, Lotti, wenn das jemand schafft, dann du. Ich weiß es!«

Sandra lächelt, streicht mir über den Arm und sieht mich dabei aufmunternd an.

»Wenn du zustimmst, rufe ich sie jetzt an. Willst du?«

Ein Hund bellt draußen. Meine Tiere! Sie brauchen mich doch. Jeder Zweifel ist Quatsch. Ich kann doch nur weitermachen. Es gibt keine Alternative.

Nur einen Moment lang bleibe ich ihr meine Antwort noch schuldig. Dann lächle ich sie an.

»Aufgeben gibt's nicht«, sage ich mit fester Stimme. »Also ruf sie an, und wenn Barbara dabei ist, bespreche ich morgen alles Nötige, okay? Grüß sie schön von mir. Ich würde mich freuen, wenn sie kommt!«

Jetzt brauche ich dringend eine Dusche und anschließend geht's an den Herd. Es gibt heute leckeres einheimisches Essen.

»Du kannst schon die Kartoffeln schälen«, rufe ich Sandra zu, während ich ins Bad gehe und mir überlege, was ich aus den Vorräten alles zaubern kann. »Ich komme gleich runter ...«

Als Erstes muss ich nach Kiruna, zum Lieferanten des Hundefutters und zum Lebensmittelhändler. Ich habe kein Geld, brauche aber Ware.

Die Gäste sind zufrieden abgereist. Alles hat super geklappt. In einer Woche kommen die nächsten, und Sandra hat bereits zahlreiche neue Buchungen vermittelt. Es läuft gut an.

Ich bin voller Ehrgeiz und Tatendrang und fest entschlossen, meine Pläne umzusetzen. Die Lodge wird ein Erfolg werden. Ich zeige es allen! Aber es braucht in jeder Hinsicht einen Neustart – und jetzt erst einmal so etwas wie einen Bettel-Trip.

Weil Sven schon seit einiger Zeit keine Rechnungen mehr bezahlt hat, stecken wir nicht nur bei der Bank, sondern auch bei den Firmen tief in den roten Zahlen und sind für weitere Lieferungen geblockt.

Aber jetzt ist Sven weg. Die Lieferanten haben nur noch mit mir zu tun. Das sollen sie wissen, und deshalb klappere ich die Geschäfte persönlich ab. Ich möchte ihnen eine weitere gute Zusammenarbeit vorschlagen.

Ich bin ehrlich und gradlinig und will mich nicht herausreden und Lügen präsentieren, die sowieso niemand mehr glaubt. In diesem Landstrich wohnen sehr wenige Menschen. Man kennt sich. Ich will mit offenen Karten spielen und ohne Umschweife sagen, was los ist, und ich hoffe, damit zu überzeugen.

Mein Termin beim Hundefutterlieferanten dauert eine halbe Stunde. Einig sind wir uns aber schon nach drei Minuten.

Ode, der Chef, ist ein groß gewachsener, drahtiger Mann Anfang sechzig. Als ich in sein kleines Büro komme, stellt er mir ungefragt einen Kaffee und etwas Gebäck hin.

»Hier, stärk dich erst mal«, meint er fürsorglich und schiebt mir den Teller rüber. »Du magst doch Kekse, nicht wahr? Ich erinnere mich noch gut, dass du beim letzten Mal von meinen Haferkeksen geschwärmt hast.«

Ich greife dankbar zu. Ich liebe diese Kekse wirklich und bin überrascht, dass sich Ode noch an meine Vorliebe für sie erinnern kann. Unsere letzte Begegnung liegt Jahre zurück.

»Ich möchte etwas mit dir besprechen, Ode«, sage ich leise. »Etwas Unangenehmes ...«

»Du musst mir nichts erzählen«, unterbricht er mich. »Ich weiß, was bei euch los war, und ich kann mir sehr gut denken, warum du mich sprechen möchtest!«

»Wirklich?« Ich sehe ihn etwas ungläubig an.

»Klar, ich weiß, dass Sven weg ist. So etwas spricht sich hier schnell herum. Du brauchst Futter und hast kein Geld mehr.«

Er klappt einen Ordner auf.

»Hier, das sind die Außenstände. Sven, dieser Windhund, hat ständig versprochen zu zahlen. Aber gekommen ist natürlich nichts.«

Er stellt den Ordner ins Regal zurück und setzt sich wieder zu mir an den Besprechungstisch.

»Was brauchst du, Lotti? Ich liefere dir, was du für deine Tiere benötigst. Bezahl, wenn du es kannst. Okay? Erst die aktuelle Rechnung und nach und nach die alten. Ich habe Geduld.«

»Ist das dein Ernst? Willst du nicht mal eine Anzahlung?«

Ode schüttelt den Kopf. »Nein. Du wirst deine Einnahmen für andere Sachen brauchen. Ich habe keine Angst, dass ich mein Geld nicht bekomme. Bei dir nicht.«

Ich spüre, wie mir ein großer Stein vom Herzen fällt. Meine Tiere brauchen gerade im Winter bestes Futter, sonst haben sie nicht genug Kraft. Noch haben wir Vorräte, bezahlt von Sandras Vorschuss. Doch ich brauche eine langfristige Lösung.

Aber Ode möchte mir noch etwas Wichtiges mit auf den Weg geben.

»Weißt du, Lotti, ich kann dir auch sagen, warum ich dir vertraue. Es sind zwei Gründe: Zum einen bist du eine ehrliche Haut. Und zum anderen bist du eine starke Frau. Du gibst nicht auf. Das weiß ich. Wenn du etwas wirklich willst, hältst du die Welt an, wenn nötig. Zumindest schätze ich dich so ein.«

Ich lächle Ode dankbar an. Seine Worte tun mir gut. Lange schon hat niemand mehr etwas so Schönes zu mir gesagt.

»... Ich versuche es zumindest. Du kannst dich auf mich verlassen.«

Und ich mich auf ihn. Das liebe ich auch an Schweden. Man hält sein Wort.

Als ich gehe, fühle ich mich leicht, fast schon beschwingt. Ich bin auf einem guten Weg, getragen von lieben Menschen, die alle wollen, dass ich eine Chance habe und sie nutzen kann.

Das Gespräch mit Udo, dem Lebensmittelhändler, meinem anderen Gläubiger, läuft ganz ähnlich ab.

»Alles klar, zahl einfach in Raten, die dir passen«, bietet er mir an. Auch Udo redet nicht lange um den heißen Brei herum, sondern nimmt sofort meine Bestellungen auf, trägt mir später sogar die Kisten persönlich ins Auto. »Lotti, alles wird gut«, meint er beim Abschied.

Ich bin überwältigt von so viel ehrlicher Zuwendung, Verständnis und echtem Vertrauen.

Meine Güte, ist das schön.

Auf der Rückfahrt zur Lodge ruft mich Barbara an. Sie packt bereits, kommt morgen mit ihrem Bulli und

Hundeanhänger zu mir und wird schon die nächsten Touren für mich übernehmen.

»Fachlich ist sie perfekt«, hat mir Sandra versichert. »Du wirst keine bessere Musherin hier oben finden. Sie beherrscht das Schlittengeschäft durch und durch und wird deine Gäste nicht nur sicher, sondern auch fröhlich begleiten.«

Ich bin Sandra so dankbar, und als Barbara auflegt, fühle ich mich großartig. Ich vertraue dem Leben wieder, und das ist ein herrlich leichtes, ein federleichtes Gefühl. Jahrelang hatte ich ein Engegefühl in der Brust, spürte ständig eine schwere Last auf meinem Herzen. Das ist jetzt vorbei.

Während ich mich vor ein paar Tagen wie in einem dunklen Loch fühlte, sehe ich jetzt wieder Licht. Es ist nicht mehr alles dunkel um mich herum, aussichtslos, nein, es gibt eine Zukunft. Für mich und meine Tiere.

Ich zweifle nicht mehr daran. Ich bin mir nun sicher.

In Gedanken kremple ich meine Ärmel hoch. Es geht los!

Barbara ist klein, fast zart, mit halblangen schwarzen Haaren und einer ungeheuer freundlichen Ausstrahlung. Ich verstehe, warum Sandra so von ihr geschwärmt hat. Wir begrüßen uns mit einer innigen Umarmung. Erst einmal wird sie bei mir wohnen, aber Barbara kann sich auch vorstellen, dauerhaft in Schweden zu bleiben.

»Wenn es mir gefällt, miete ich mir ein Haus hier. Aber das ist Zukunftsmusik. Erst einmal arbeite ich für dich.«

Ich sehe sie dankbar an.

»Barbara, wir werden ein gutes Team bilden. Ganz bestimmt. Ich freue mich sehr.«

Und genauso kommt es.

Barbara ist absolut professionell. Sie kann sehr gut mit Hunden umgehen und mindestens genauso gut mit Menschen. Von Anfang an strahlen die Gäste, weil sie so geduldig und zugleich informativ erklärt und den Neulingen Sicherheit vermittelt. Abends ist sie unterhaltsam und charmant. Sie ist ideal für diesen Job.

Wir ergänzen uns perfekt, denn ich habe jetzt Zeit, in Ruhe das ganze Management zu übernehmen und mich auf die Zahlen zu konzentrieren. Ich muss nicht mehr fürchten, dass alles durch Svens Launen zerstört wird, wenn ich im Büro oder in der Küche bin. Wenn die Lodge weiter so läuft wie jetzt, habe ich hier eine großartige Zukunft.

Außerdem verstehen wir beiden Frauen uns gut. Wenn es die Zeit erlaubt, gönnen wir uns auch ein bisschen Freizeit. Wie Freundinnen in der Schweiz spazieren gehen oder sich in einem Café verabreden, spannen wir unsere Hunde-Teams an, stellen uns auf die Schlitten und sausen los: Zwei Stunden Natur pur, das ist unsere Belohnung für all die Schufterei.

Und dann ist die Scheidung durch. Ich bin Sven endlich los, und das sogar schneller als erwartet. Ich denke, er hat so fix eingewilligt, weil die Finanzen ausgereizt waren. Klar hat er immer noch versucht, an Geld zu kommen. Vermutlich auch, weil er seiner Heike den ganz großen Reichtum versprach. Das ist doch seine Methode, Frauen zu erobern.

Ich habe angesichts seiner halbherzigen Forderungen nur »du Träumer« gedacht und ihm meine Zahlen geschickt – und die sprechen eine eindeutige Sprache. Nichts steht ihm zu! Ich zahle keinen Cent mehr! In der Lodge steckt mein Erbe, und sie ist verschuldet. Nach *meiner* Rechnung steht Sven bei mir mächtig in den Miesen.

Das habe ich ihm per Anwalt an seine schwedische Adresse geschickt. Er ist ja immer noch offiziell bei seinem Vater gemeldet.

Sven muss meine Konsequenz erkannt und verstanden haben. Denn noch während die Scheidung lief, hat er seine Anteile an der Lodge an einen Bekannten verkauft, den ich auch gut kenne, weil er schon mehrmals hier zu Gast war. Übrigens für einen Spottpreis. Ich werde mich mit ihm auf eine Kaufsumme einigen, die ich abstottern kann. Er hat freundlicherweise schon signalisiert, dass es passe. Dann bin ich frei, und der ganze Spuk hat ein Ende.

Von Sven höre ich nur noch ein einziges Mal. Michael, ein Berater aus einem Schweizer Reisebüro, will erfahren haben, dass Sven und Heike zusammen auf einem Pferdehof in der Schweiz leben. Was ich fühle? Komischerweise nicht viel. Ich merke nur, dass es mir deutlich besser geht, wenn es ihn in meinem Leben fortan nicht mehr gibt. Ich wünsche ihm aber auch nichts Schlechtes. Er ist mir egal. Das Kapitel ist vorbei. Was mich interessiert, ist, dass die Lodge läuft und man das auf meinem Konto sieht, genau wie es Sandra prophezeit hat.

Innerhalb von zwei Jahren entwickelt sich das Unternehmen dann auch in der Tat gut. Von allen möglichen Reisebüros kommen Buchungen herein. Ich freue mich riesig über den Erfolg. Und manchmal erscheint mir mein Glück schon unwirklich.

Innerhalb kürzester Zeit beginnt sich mein Leben wieder zu einem sinnvollen und erfüllten Ganzen zu fügen. Die Gäste sind nahezu ausnahmslos zufrieden, ich habe ein super Team, und auf meinem Schreibtisch türmen sich endlich keine unbezahlten Rechnungen mehr. Das Schicksal meint es wieder gut mit mir und hält sogar noch einen Knaller für mich bereit: Denn mitten im Winter steht plötzlich ein bekanntes Gesicht vor der Tür: Es ist Lies.

»Ich habe gehört, dass Sven weg ist. Brauchst du Hilfe?«, fragt sie mich und lächelt mir schelmisch zu.

Ich bin baff und freue mich riesig, dass sie wieder da ist.

Lappland hat sie trotz ihrer schlechten Erfahrung mit Sven nicht losgelassen. Ein gutes Zeichen. Arbeit habe ich reichlich, und sie kann sofort anfangen.

Mit ihrem Elan und ihrer Einsatzfreude bringt sie noch mehr Schwung in meinen immer besser laufenden Betrieb. Lies kümmert sich rührend um die Tiere, und dank meiner intensiven Schulung und ihrer raschen Auffassungsgabe kann sie dieses Mal auch bald mit dem Schlitten ausfahren. Natürlich erst einmal nur allein. Aber sie macht es so gut, dass ich ihr auch die Gäste anvertrauen will.

Lies kommt übrigens genau richtig. Denn Barbara will gehen. Sie hat sich entschieden, in Schweden zu bleiben und die Leitung eines Hotels zu übernehmen. Welche Fügung!

Aber genau in dieser eigentlich positiven Entwicklungsphase trifft mich ein Schock. Tikka ist krank, schwer krank. Ich habe seit einigen Tagen gemerkt, dass sie ruhiger ist und sich immer mehr zurückzieht. Als sie sich eines Morgens hinter meinem Schreibtisch verkriecht, wird mir bewusst, dass etwas wirklich Schlimmes mit ihr sein muss. Ihr kleines Näschen ist heiß. Sie hat Fieber.

Ich bitte die Tierärztin, noch am selben Tag zu kommen, und mein Verdacht bestätigt sich. Die Diagnose ist niederschmetternd: Tikka muss eingeschläfert werden. Obwohl ich es geahnt habe, ist es ein fürchterlicher Schock für mich. Ich weine bitterlich und brauche lange, um mich auf ihren baldigen Tod vorzubereiten.

Die Ärztin ist wunderbar, nimmt sich Zeit, tröstet mich. Wir unterhalten uns über Tikka, und ich erzähle ihr, wie wichtig dieses kleine Tierchen für mich gewesen ist: Sie hat die schlimmste Zeit meines Lebens mit mir geteilt. Ich habe nächtelang in ihr Fell geweint und ihr meine ganze Liebe geschenkt. Sie jetzt verlieren zu müssen, bricht mir das Herz.

Später setzen wir uns mit Tikka auf das Sofa, auf dem sie immer so gern gelegen hat, und ich streichle sie sanft, während sie die erlösende Spritze bekommt.

Wir beerdigen auch Tikka in meinem Garten. Dann ist sie mir immer noch ein bisschen nah.

Danach möchte ich nur noch allein sein. Ich bin so unendlich traurig.

»Ich will keine Katze mehr. Ich habe genug Abschiede erlebt. Ich will keine weiteren«, schimpfe ich aufgebracht. Lies hat gefragt, ob ich mir ein neues Haustier wünsche. Aber meine Meinung steht fest. Ich will kein Tier mehr so nah an mich heranlassen. Zora, Charly, Tikka, es reicht.

»Aber du ganz ohne Katze, das passt nicht«, beharrt Lies. »Ich glaube, es würde dir guttun.«

Ich nicke und entschuldige mich für meine unwirsche Antwort. »Ich weiß, Lies, aber im Moment fehlt mir wirklich die Kraft. Ich mag mich nicht mehr an ein Tier gewöhnen. Es ist gut so, wie es ist.«

Das Thema Katze ist damit für mich erledigt.

Genau zwei Wochen lang. Denn dann steht plötzlich Elke mit meinen Freunden Anders und Ronny vor der Tür. Die beiden haben als Techniker jahrelang mein Unternehmen betreut und sind zu Freunden geworden. Sie sorgen sich um mich und haben sich deshalb zu einem Besuch entschlossen.

Es wundert mich allerdings, dass sie einen Katzenkorb in der Hand halten, und ich denke im ersten Moment wirklich, dass sie sich selbst ein Tier gekauft haben und es mir nun zeigen wollen.

Aber es ist natürlich ganz anders!

»Dieses arme kleine Tier braucht ein Zuhause«, sagt Elke mit säuselnder Stimme, und Anders drückt mir ein zuckersüßes kleines tiefbraunes Katzenbaby auf den Arm.

Ich möchte am liebsten meine Arme abwehrend nach vorn strecken, aber als große Katzenfreundin gelingt mir das nicht. Mit einem Lächeln greife ich das niedliche Etwas und knuddle es sogleich verliebt. »Ist die süß, meine Güte, es gibt ja nichts Niedlicheres als ein Katzenbaby.«

Ich kapituliere. Die Katze bleibt, und ich taufe die kleine »Maus« Takkan, abgeleitet vom schwedischen Ausdruck für »Danke« – weil sie mir den Schmerz nehmen soll, der wegen Tikka in meinem Herzen brennt.

Jetzt habe ich eine neue Begleiterin, und genau wie Charly ist sie sich der Gefahr, die von Huskys ausgeht, von Beginn an sehr bewusst. Sie nimmt sich mächtig in Acht, bleibt an der offenen Haustür stehen und setzt keinen Fuß freiwillig in das Revier eines Hundes. Vorsicht ist eben die Mutter der Porzellankiste.

Leben und Abschied
und immer Überraschungen

»Wie ist das denn so ohne Mann? Fühlst du dich nicht einsam?«

Mein Nachbar Tor ist überraschend gekommen und sitzt bei mir in der Küche.

»Einsam? Ich? Ich habe hundert Hunde, eine liebe Angestellte und zwei Praktikanten. Einsam kann man da nicht sein!«, erzähle ich fröhlich, während ich die Kaffeemaschine anstelle.

»Mit oder ohne Milch, wie magst du deinen Kaffee?«

»Schwarz. Schwarz wie meine Seele«, zischt er los und lacht dabei merkwürdig aufgedreht. Er sieht mich heute auch so komisch an. Irgendetwas stimmt nicht mit ihm.

Ich kenne Tor recht gut, wir haben uns schon an einem der ersten Tage hier in Schweden kennengelernt. Er betreibt ein kleines Sägewerk, und ihm gehört ein großer Teil des Waldes, durch den ich mehrmals täglich mit dem Snowmobil zum Parkplatz fahre. Sein Wohnhaus ist rund 15 Kilometer von mir entfernt in Richtung Kiruna. Für unsere Verhältnisse leben wir quasi »nebeneinander«.

Tor ist ein paar Jahre älter als ich und ein eher unscheinbarer Mann, zwar groß und durchtrainiert, aber nicht sonderlich gut aussehend. Mich hat schon immer seine etwas zu derbe und recht laute Art gestört. Sven hat ihn deshalb sogar regelrecht gehasst, und die beiden Männer sind sich immer aus dem Weg gegangen. Aber seitdem ich allein lebe, kommen Tor und ich insgesamt gut miteinander zurecht, und seit einigen Wochen besucht er mich immer häufiger.

Ich glaube, er fühlt sich einsam, denn vor zwei Jahren ist seine Frau Sinje gestorben. Ich nehme mir deshalb immer etwas Zeit, ihm zuzuhören, und denke, er braucht das. Häufig erzählt er auch stolz von seinen beiden erwachsenen Söhnen, besonders von Jon, der mittlerweile ins Geschäft mit eingestiegen ist, und ich lobe ihn für die beiden wirklich sympathischen Jungs.

Allerdings kommt mir Tor in letzter Zeit etwas zu häufig, und jetzt auch noch ausgerechnet am Sonntag, meinem einzigen halbwegs freien Tag in der Woche. Denn sonntags ist immer Tourwechsel: Es ist der Tag »zwischen zwei Reisegruppen«. Morgens reist eine Gruppe ab, und die nächste kommt am Abend. Die Zeit dazwischen ist zum Putzen, Aufräumen und Durchatmen. Gerade Letzteres brauche ich sehr.

Aber nun sitzt Tor hier. Ich werde ihm nachher sagen, dass es mir sonntags nicht so gut passt. Sein Kummer tut mir leid, wirklich, aber ich brauche diese Auszeit, um nachher wieder fit zu sein. Die Gäste zahlen viel Geld für eine Reise nach Lappland. Sie haben Anspruch auf eine ausgeschlafene und präsente Gastgeberin.

Ich stelle Tor den Kaffee hin, dazu etwas selbst gemachten Kartoffelsalat mit Räucherlachs, Dill und Apfel.

»Ich meine ›anders einsam‹!?«, meint er da und bezieht sich offenbar noch auf seine Eingangsfrage.

Was will er denn jetzt hören, frage ich mich und beschließe, nicht weiter darauf einzugehen.

Ich ziehe mir den Stuhl herüber und setze mich ans Kopfende des Tisches.

Draußen ist es heute diesig. Der See liegt wie eine dicke, glitzernde Eisscheibe eingebettet in die eingeschneite Waldkulisse.

»Wenn früher in der Schweiz viel Schnee lag, haben wir als Kinder immer von einer Zuckerwattelandschaft gesprochen, Tor. Und es stimmt ja auch. Im Winter sieht es wirklich so aus, als hätte man süße Watte oder Geschlagenes über die Natur gelegt«, erzähle ich, ganz in Gedanken versunken. »Weißt du, hier draußen ist es auch nachts wunderschön. Wenn sich der Vollmond im Eis spiegelt und alles silbrig schimmern lässt, mutet das einfach atemberaubend an. Ich liebe diese Landschaft hier oben im hohen Norden zu jeder Jahreszeit und an jedem einzelnen Tag!«

»Also. Ich meine, wie fühlst du dich denn nachts allein?« Tor lässt nicht locker.

»Was meinst du? Allein? Ich bin doch nicht allein, Tor.«

»Vielleicht brauchst du einfach mehr Gesellschaft!«, bohrt er unbeirrt weiter, und ich finde ihn heute besonders umständlich, zumal ich müde von der anstrengenden Woche bin und es gestern Abend sehr spät geworden ist. Denn Samstagabend feiern wir den Abschied der Gäste regelmäßig in der Eisbar. Dazu sitzen wir bei den strengen Minusgraden draußen auf Eisbrocken, trinken aus Eisgläsern und stehen am Eistresen. Dabei entwickeln sich Gespräche voller Wehmut, weil diese ungewöhnliche und aufregende Zeit zu Ende geht, und niemand sieht wirklich auf die Uhr. Mir sitzt auch heute die lange Nacht noch in den Knochen.

»Du, Tor, ich wollte dir noch etwas sagen …«, beginne ich, statt eine Antwort auf seine Frage zu geben, jetzt mit meinem Thema. »Weißt du, heute Abend kommen wieder

Gäste, und ich brauche einfach einen Tag für mich. Es wäre mir lieb, wenn du mich zu einer anderen Zeit besuchen kämst.«

So, jetzt ist es heraus. Ich rechne mit einer verständnisvollen Antwort. Doch es kommt ganz anders.

»Hast du nicht mal Zeit für einen Kaffee mit mir?«, poltert Tor plötzlich los und erinnert mich mit dieser aufbrausenden Art an Sven. Erschrocken sehe ich ihn an. Was soll das?

»Pass mal auf, ihr Weiber werdet alle merkwürdig, wenn ihr keinen Sex habt. Sei froh, dass ich da bin. Ich kann Abhilfe schaffen.«

Er trinkt die Kaffeetasse mit einem Zug aus und knallt sie jetzt so fest auf den Tisch, dass ich mich wundere, warum sie nicht zerbricht.

Bitte? Habe ich das gerade richtig verstanden?

Ich sehe Tor fassungslos an. Das kann er unmöglich ernst meinen. Wir sind Freunde, etwas anderes hat es zwischen uns nie gegeben. Was soll denn das jetzt?

Er muss komplett betrunken sein. Aber ich rieche nichts.

»Ja, danke fürs Angebot, ich werde mich daran erinnern«, sage ich flapsig und versuche, die Situation zu entspannen, indem ich das peinliche Gespräch ins Lächerliche ziehe.

Aber Tor macht einfach weiter, und das auf eine ganz besonders geschmacklose Art und Weise. Mit Blick auf ein paar Würstchen, die auf einem Küchenbrett liegen, meint er: »Meiner ist größer. Willst du eine Kostprobe?«

Jetzt habe ich genug. Ich bin nicht empfindlich, aber dieses sexistische Geschwätz geht mir auf die Nerven. Ich habe die ganze Woche gearbeitet, bin hundemüde und soll mir jetzt die ordinären Sexsprüche meines Nachbarn anhören? Nein! Ich bin es leid, zum Spielball von Idioten zu werden. Ich lebe als Singlefrau allein im Wald. Na und, damit müssen die Männer zurechtkommen. Wenn nicht, zeige ich ihnen, wie es geht.

»So redest du nie wieder mit mir, Tor!«, zische ich unmissverständlich, stehe auf und ziehe ihm die leere Kaffeetasse weg. »Es ist besser, wenn du jetzt gehst. Und überleg dir künftig, wie du mit mir umgehst. Ich habe jedenfalls kein Interesse an deinen ›herausragenden‹ Qualitäten. Spar sie dir für jemand anderes auf.«

Aufgebracht schnappe ich mir seine Jacke von der Garderobe und halte sie ihm wutschnaubend hin. »Bitte schön, unser Kaffeeklatsch ist beendet.«

Ich kann förmlich sehen, was Tor denkt: Einen Mann wie mich setzt man nicht vor die Tür!

Er schäumt vor Wut und lässt entsprechend wütend die Tür hinter sich zuknallen. Wenige Augenblicke später springt sein Snowmobil an, und er braust mit Spitzengeschwindigkeit los. Hoffentlich kommt er gut zu Hause an, denke ich noch. Wer weiß, was mit ihm los ist.

Ich bin froh, dass er weg ist, und lege mich erleichtert aufs Ohr.

Doch die Ruhe ist trügerisch. Denn wenig später ist Tor plötzlich wieder da. Aber es ist ein Besuch, wie ich ihn noch nie erlebt habe. Unsere Haustüren sind hier oben nicht abgeschlossen. In dieser Wildnis braucht man das nicht. »Einbrecher sind faul«, sage ich immer. »Wenn sie das nicht wären, würden sie arbeiten ...«

Tor hat also freien Zugang zu meinem Haus, und so steht er plötzlich wieder da, im Flur, breitbeinig und hochaggressiv.

»Mit mir spricht man so auch nicht, nie wieder, hast du das verstanden«, brüllt er sofort los, als ich die Treppe herunterkomme.

Ich will ihn gleich wieder vor die Tür setzen, aber er lässt es nicht dazu kommen, sondern brüllt gleich weiter.

»Wir sind keine Freunde mehr«, stellt er klar und droht mir jetzt offen. »Du lernst jetzt eine andere Seite von mir kennen. Statt mir dankbar zu sein und etwas entgegenzukommen, setzt du mich vor die Tür. Ich hätte etwas mehr Wohlwollen erwartet.«

»Wohlwollen? Was verstehst du denn darunter?«

»Dass du etwas nett zu mir bist. Das wäre klug gewesen.«

Jetzt reicht's aber wirklich.

»Spinnst du?«, schimpfe ich los. »Was fällt dir ein.«

»Mir fällt ein, dass du meinen Zufahrtsweg nicht mehr benutzen darfst. Dann kannst du dir ja überlegen, wie du hier weitermachst.«

Mit einem Satz dreht er sich um und stapft wieder hinaus, genauso türenknallend wie bei seinem ersten Abgang.

»Wir haben das gemeinsame Wegerecht«, rufe ich ihm nach. »Ich muss nicht, wie du sagst, ›nett‹ zu dir sein ...«

Ich betone das Wort »nett« ganz besonders und koche dabei vor Wut. Was fällt dem Kerl ein?! Nur weil ich allein lebe, bin ich doch kein Freiwild für frustrierte Witwer.

Drei Stunden später, mein Ärger ist längst verraucht, bekomme ich auf dramatische Weise zu spüren, wozu Tor fähig ist. Einer meiner Praktikanten, Sebastian aus Frankfurt, hat in Kiruna etwas erledigt und will mit dem Snowmobil zurück zur Lodge fahren. Doch er kommt nicht weit.

»Einen Kilometer hinter dem Parkplatz ist der Weg abgesperrt«, erzählt er mir atemlos am Telefon. »Hier sind Seile über den Waldweg gespannt.«

Das darf doch nicht wahr sein, denke ich.

»Ich komme«, antworte ich Sebastian und rase umgehend mit dem Snowmobil los.

Tor ist doch irre. Ich brauche die Zufahrt. In wenigen Stunden landet die Maschine mit Gästen aus Frankfurt. Ich kann keine Probleme gebrauchen.

Was ich wenig später sehe, verschlägt mir den Atem. Unser Weg ist wirklich komplett abgeriegelt. Die Seile sind zwischen Bäumen gespannt, dazu kommt rot-weißes Absperrband und ein leuchtend gelbes Warnschild mit der Aufschrift »Gesperrt – Privatweg!«. Das Ganze sieht aus wie eine internationale Grenze, nur dass sie in einem abgelegenen Waldstück in Lappland aufgebaut ist.

Einen Moment lang bin ich wirklich sprachlos. Ich habe nicht erwartet, dass mein neuer Verehrer dazu fähig ist. Es ist widerrechtlich, was er da tut, denn das Wegerecht ist mir schriftlich zugesichert worden.

Was soll ich denn jetzt als Erstes machen?

Ich stelle den Motor aus und spreche mit Sebastian.

»Wie schätzt du das ein? Das bekommen wir niemals zu zweit weggeräumt, oder?«

Sebastian schüttelt den Kopf. Wir stehen uns gegenüber, ratlos, und schauen uns konsterniert an.

Es ist bitterkalt, und es schneit.

Das alles ist eine Riesensauerei.

»Dann muss uns jetzt Jon helfen, Tors Sohn, du kennst ihn, Sebastian«, rufe ich ihm durch das Absperrmonster zu. »Er war letzte Woche wegen einer Holzlieferung bei uns. Er kann seinen Vater zur Ordnung rufen.

Ich habe Jon kennengelernt, als er gerade seinen Schulabschluss machte. Jetzt ist er Juniorchef in der Firma seines Vaters. Wenn hier jemand vermitteln und die Situation regeln kann, dann er. Er ist besonnen und klug und zum Glück auch sofort am Telefon.

Als ich ihm erzähle, was passiert ist, reagiert er, ohne zu zögern.

»Wir kommen und bringen das in Ordnung, Lotti. Fahr schon zurück auf die Lodge. Sebastian kann bald weiterfahren.«

»Ich danke dir, aber deinem Vater hätte ich so viel Unfairness nicht zugetraut.«

»Seit Mamas Tod ist es schlimm mit ihm, und er kommt mit anderen Frauen nicht mehr zurecht. Ich bin froh, dass du ihm Kontra gegeben hast. Das hat er noch nicht erlebt, aber es war wirklich wichtig.«

Jon macht, was er versprochen hat. Zwei Stunden später kommt Sebastian zurück zur Lodge, sichtbar erleichtert.

»Der Weg ist frei. Die Gäste können kommen«, ruft er mir zu. »Mensch, Lotti, sind die Schweden hier alle so?«

Ich schüttle den Kopf. »Nein, nur die verdammten Machos. Und die gibt es nicht nur in Schweden ...«

Tor entschuldigt sich dann übrigens. Einen Tag nach dem Desaster ruft er mich an. Ich bin sicher, dass Jon ihn zu diesem Schritt genötigt hat.

»Tut mir leid«, sagt er, wenn auch kaum hörbar.

Ich bin freundlich zu ihm und gebe mich versöhnlich, denn ich bestehe nicht darauf, dass er den Satz noch einmal lauter wiederholt.

»Das war nicht gut und gefährdet meine Existenz. Weißt du, Tor, ich habe schon genug Probleme und muss um mein Überleben kämpfen. Ich kann solche unnötigen zusätzlichen Schwierigkeiten nicht auch noch gebrauchen.«

Die Stimme am anderen Ende der Leitung bleibt stumm. Ich mache es ihm leicht.

»Aber komm, Schwamm drüber, wir beide vergessen das unsinnige Theater.«

»Ja, das möchte ich auch«, meint Tor jetzt, und wir tauschen danach noch ein paar belanglose Alltagsfloskeln aus. Allerdings will ich ihn nach dem ganzen Theater überhaupt nicht mehr bei mir sehen und halte mich von ihm fern. Soll er sich doch ohne mich mit seinen Hormonen herumschlagen!

Aber leider klappt das nicht dauerhaft, und es knallt schon bald wieder zwischen uns. Dieses Mal auch noch öffentlich, als ich mit meinen Gästen ein kleines Fest in Skaulo besuche. Sie sollen neben den Trails auch noch ein bisschen Schweden kennenlernen, und dazu gehört ein zünftiges Dorffest in der Stadthalle, im »Folkets Hus«, wie man hier die Gemeindehäuser nennt. Alles ist wunderbar in den Landesfarben Blau und Gelb geschmückt. Eine kleine Kapelle spielt schwedische Schlager, und es gibt – wie üblich – reichlich

Bier. Schweden lieben Bier. Ich bin der Fahrer und trinke nichts. Die Kontrollen sind streng. Alkohol am Steuer ist strikt verboten, außerdem mag ich sowieso keinen Alkohol.

Die Gäste tanzen und fühlen sich sichtlich wohl. Ich sehe ihnen gern zu, nippe an einem Glas Wasser und lausche der Musik. Alles in allem eine schöne Abwechslung.

Doch dann steht plötzlich Tor vor mir. Ich hatte ihn bislang gar nicht gesehen.

»Tanzt du mit mir?«, will er wissen, und ich höre an seinem Tonfall, dass er, freundlich formuliert, nicht ganz nüchtern ist.

Wenn ich etwas weiß, dann das: Ich möchte um nichts in der Welt in den Armen dieses Mannes liegen, und schüttle deshalb den Kopf. Aber ich will auch keinen Streit. Er hat sich entschuldigt, die Sache ist abgehakt. Deshalb schiebe ich schnell eine freundliche Erklärung nach.

»Wir bleiben nicht mehr lange, und ich genieße gerade, dass ich hier mal entspannt sitzen kann.«

Aber für Tor ist das Kopfschütteln schon zu viel.

»Blöde Kuh«, zischt er gerade so laut, dass ich es noch gut verstehen kann. Doch ich gehe nicht darauf ein. Was soll das? Ich habe keine Lust mehr, mich über ihn aufzuregen. Wenn er meine ausgestreckte Hand nicht nehmen will, dann soll er es lassen.

Tut er aber nicht.

»Du wirst mich noch kennenlernen!«

Und dann legt Tor richtig los, macht dabei eindeutige Bewegungen. Er ist widerlich.

»Dir müsste man es mal so richtig geben ...« Seine Stimme überschlägt sich fast.

Aber ich lasse ihn nicht weiterpöbeln, sondern stehe auf und stelle mich zu einer Gruppe befreundeter Musher, die gerade hereingekommen sind. Vor den drei Männern wird er seine widerlichen Aktionen nicht fortsetzen.

Und genauso ist es. Er geht, natürlich brummig und fluchend. Aber ich höre nicht mehr, was er sagt. Vermutlich ist das auch gut so.

Tor sehe ich an diesem Abend nicht wieder.

Dafür habe ich schon am nächsten Tag wieder mit ihm zu tun: Als Lies mit den Gästen ausfährt, ist der beste Wintertrail gesperrt. Das übliche Szenario.

Lies reagiert schnell und ruft Jon gleich direkt an, und der schickt wieder sein Team. Unsere Gäste machen solange eine Pause, bekommen Tee, und Lies grillt mit ihnen unter freiem Himmel. Sie merken kaum, dass diese Einlage nicht geplant ist.

Lies ist klug und geschickt. Sie rettet die Situation. Aber häufen dürfen sich solche Zwischenfälle natürlich nicht.

Tun sie auch nicht, denn Tor greift jetzt zum nächsten Mittel, um mich zu bestrafen, weil ich ihn nicht in mein Bett lassen will. Er verklagt mich.

Als ich den Brief seines Anwalts in Händen halte, bin ich zum ersten Mal seit Langem wieder beunruhigt. Er beschreibt darin ausführlich, dass ich auf Tors riesigem Waldgelände nichts zu suchen habe. Sorgfältig hat er alle Wege aufgelistet. Ich darf keinen nutzen. Auf den ersten Blick muss ich schmunzeln, denn das heißt, dass ich nur noch mit dem Helikopter auf meine Lodge kommen kann. So ein Unsinn! Ich habe mein Wegerecht schwarz auf weiß. Aber was ist mit den Trails? Den Wanderwegen? Wenn es nach Tor geht, darf ich sie weder mit den Gästen nutzen noch spazieren gehen.

»Was ist, wenn die Gerichte mir den Zugang verbieten?«, schießt es mir durch den Kopf. Ich bin Ausländerin. Und in der Schweiz sagen wir: ›Vor Gericht und auf hoher See ist dein Schicksal in Gottes Hand.‹ Wenn das Gericht in Kiruna Tors wahnwitzigen Gedanken folgt, dann kann ich die Lodge schließen, sofort.

Ich brauche Sicherheit, unbedingt, und schalte dementsprechend auch einen Anwalt ein. Das kostet Geld, viel Geld, das ich eigentlich brauche, um die Kredite bei der Bank abzuzahlen. Aber ich stehe mal wieder mit dem Rücken zur Wand. Doch auch diesmal sage ich mir: Ich gebe nicht auf. Ich packe das!

In den kommenden Wochen und Monaten treffen uns Tors skurrile Sperrungen immer wieder. Aber zum Glück entscheidet das Gericht, dass ich ihm nur eine kleine Summe zahlen müsse und damit alle Trails nutzen könne. Ich akzeptiere das.

Als wir beide aus der Verhandlung kommen, gehe ich nicht mehr auf ihn zu. Das ist vorbei. Tor und ich, wir werden keine Freunde mehr. Im Gegenteil, ich habe jetzt einen Feind, für immer.

Ich ahnte damals schon, dass mich seine Schikanen vermutlich lebenslang begleiten werden. Und sein Einfallsreichtum ist riesig. Mal ist es ein abgesperrter Trail, mal ein Wanderweg, mal ein kleiner Badesee. Tors Absperrmaterial taucht immer wieder in der Nähe meiner Lodge auf, und wir bekommen schnell Routine in der Gefahrenabwehr. Es gibt drei Möglichkeiten: Wir ignorieren das und umgehen die Sperrung, wir bauen sie eigenhändig ab, oder wir rufen Jon an.

Wir kommen damit zurecht, aber es ist in meinen Augen unsinnig. Die Kosten, die das Scharmützel mit Tor verursacht, überweise ich in Raten, und jedes Mal denke ich, dass ich so viel Sinnvolleres mit dem Geld hätte machen können. »Zum Beispiel ein neues Spielgehege für solche tollen Hunde wie dich, Wanda«, flüstere ich in ihr Ohr und streichle meinen Lieblingshusky, bevor ich alle anderen mit Zuwendungen verwöhne.

Was sind schon Tors Schikanen, wenn man so herrliche Hunde hat wie ich!

Übrigens sucht Lies gerade ein Haus hier. Sie will bleiben, für immer. Sie ist nur noch einmal in Belgien gewesen, hat wieder kurz in ihrem alten Job in der Leitung einer Jugendherberge gearbeitet, um dann zu merken, dass sie doch hierhergehört, und seitdem keinen Zweifel mehr an ihrer Entscheidung zugelassen. Sie liebt ihr Leben, und ich bin mehr als froh darüber. Denn sie ist im Laufe der Zeit zu einer hervorragenden Musherin und zu meiner rechten Hand geworden.

»Ich glaube, das war es heute. Mensch, Lies, warum tut das immer so weh, wenn etwas zu Ende geht?«

Ich war mit Gästen auf einer Tour, komme aber anders zurück als geplant. Auf meinem Schlitten liegt Wanda, erschöpft, müde.

Ich musste sie schweren Herzens aus dem Team nehmen. Es war offensichtlich, dass sie die Tour nicht mehr schafft. Ich weiß, dass das keine Ausnahme ist, sondern das Ende. Ich kann rechnen. Wanda ist zehn Jahre alt. Sie schafft das Pensum nicht mehr. Ich muss sie schonen und sie auf ein neues, anderes Leben vorbereiten.

»Danke, meine Süße«, flüstere ich ihr ins Ohr, als ich sie in ihren Zwinger führe. »Du bist ein Traumhund und hast mir alles gegeben: Sicherheit, Vertrauen, Liebe. Aber jetzt darfst du an dich denken und dir den Polarwind etwas milder um die Nase wehen lassen.«

Sie hebt ihr Pfötchen, und ich deute es als Einverständnis.

Bei gutem Wetter werde ich aber noch kurze Touren mit ihr durchführen und gleich einplanen, sie auf halber Strecke in den Schlitten zu holen. Ich möchte ihr noch ab und zu das Gefühl geben, »dazuzugehören«. Aber auch das wird nicht mehr lange gehen.

Egal, ab jetzt darf sie ihren Ruhestand genießen und mit den anderen Oldies gemütlich auf dem Gelände herumspazieren. Zumindest denke ich das. Aber Wanda ist anders. Wenn ich mir morgens einen Kaffee einschenke, sehen mich schon ihre großen, treuen Augen an. Das ist ihre neue Masche. Wenn die Eingangstür geschlossen ist, springt sie einfach auf eine Bank, die auf der Terrasse am Fenster steht, und schaut, ob sie mich in der Küche entdeckt. Mit einem unnachahmlich vorwurfsvollen Blick, den ich seitdem immer den »Wanda-Blick« nenne, nötigt sie mich dann, sie hereinzulassen, und mehr noch, ihr irgendetwas Leckeres anzubieten. Ja, meine Wanda, sie war nicht nur als Leithund meines Schlittens stark, sie ist auch im Alltag überzeugend.

Dazu kommt sie jeden Tag mehrmals in mein Büro gelaufen, um sich unter meinen Schreibtisch zu legen und mir nah zu sein, oder zumindest, um kurz nach mir zu sehen und sich eine Streicheleinheit abzuholen.

Leben und Sterben gehören zusammen. Heute wird es mir besonders deutlich. In wenigen Stunden kommt Julia, die Chefin unserer großen Tierklinik. Sie ist eine erfahrene Tierärztin und wird Gunnar und Franz erlösen. Die beiden sind 12 und 13 Jahre alt, haben Arthrose in den Knochen, können seit Langem nicht mehr schnell laufen, aber neuerdings auch nicht mehr richtig gehen. Heute werden sie erlöst, und ich habe schon Tage vorher Magenschmerzen, wenn ich daran denke. Ich liebe jedes Tier von ganzem Herzen. Ich bringe sie auf die Welt, begleite sie durch ihr Leben, erlebe ihre Stärken und Schwächen. Ich sehe sie tollen und erwachsen werden, aber eben auch alt.

Die Hunde sind normalerweise in den Zwingern, aber alte Tiere, die nicht mehr gut rennen können oder mögen, laufen frei auf dem Gelände herum. Sie möchten zwar oft noch an den Schlitten, können es aber nicht mehr. So wie Gunnar und Franz, die seit zwei Jahren zwar aufgeregt mitlaufen möchten, wenn es losgeht, und die genauso aufheulen wie alle anderen, aber nur noch wenige Hundert Meter mitkommen und dann traurig zurücktrotten. Dann legen sie sich in ihre warm gefütterte Hundehütte und träumen vermutlich von besseren Zeiten. Fünf, sechs Tiere verträumen so wie die beiden immer bei uns ihren Ruhestand. Wer mag, darf auch ins Haus, zu mir oder den Praktikanten. Unsere Pensionäre haben alle ein paar Sonderrechte verdient, bekommen auch regelmäßig einen leckeren Knochen, die ich mit dem Trockenfutter mitbestelle, und natürlich Sonder-Streicheleinheiten, von uns oder den Gästen.

Aber wenn ich sehe, dass nichts mehr geht und die Tiere sich quälen, dann rufe ich Julia an. Bei Gunnar und Franz war das gestern der Fall.

»Aber es geht den beiden doch gut«, meint Annika, meine Praktikantin, traurig. Sie ist Studentin und seit sechs Monaten hier. Klar, sie hat sich mit den Tieren angefreundet, sie füttert sie zweimal täglich, säubert die Zwinger, achtet auf Krankheiten, gibt ihnen die von mir ausgesuchten Medikamente. Und jetzt weiß sie, dass Gunnar und Franz bald nicht mehr da sein werden. Das schmerzt, und sie weint.

Ich glaube, ich sollte mir ihr sprechen, und bitte sie, sich kurz mit mir auf eine Holzbank zu setzen.

»Das habe ich früher auch gedacht, Annika, und bis zum Schluss an meinen Tieren festgehalten«, erzähle ich. »Aber das geht so nicht. Sie haben Schmerzen. Erst wenn ich ganz sicher bin, dass sie leiden und es nicht behandelbar ist, gehe ich diesen Weg. Glaub mir, ich liebe meine Tiere sehr.«

»Und wie weißt du, dass sie Schmerzen haben?«, will Annika wissen.

»Huskys wollen laufen. Das ist ihr Leben. Wenn sie das nicht mehr können, ist es schon schwer für sie. Aber ein untrügliches Zeichen ist, wenn sie nicht mehr fressen.«

Ich habe den Futterplan der Hunde in der Hand.

»Hier, sieh mal, die beiden rühren schon seit Tagen nichts an. Das ist kein gutes Zeichen.«

Ich gehe mit Annika zu Gunnar, der seit Stunden schon teilnahmslos hinter dem Stall liegt. Dann rutsche ich in die Hocke, nehme Gunnars Kopf und sehe ihm in die Augen.

»Siehst du das?«, frage ich Annika und bitte sie, sich zu uns zu setzen. »Sein Blick ist so leer. Ich muss ihn jetzt einfach gehen lassen.«

Annika nickt. Aber verstehen kann sie es nicht. Ich habe auch lange gebraucht, es so zu sehen. Loslassen muss man lernen.

»Lotti, Julia ist da. Komm bitte«, ruft mich dann Lies, und ich stehe seufzend auf. »Weiß du, Annika, ich werde mich nie daran gewöhnen.«

Julia ist Anfang vierzig, verheiratet und Mutter von zwei Kindern. Sie leitet die weit und breit einzige Tierklinik und hat einige hoch qualifizierte Angestellte, die für sie arbeiten. Zu mir kommt sie aber immer persönlich.

Ich mag an ihr den liebevollen Umgang, gerade wenn es um den letzten Weg meiner Hunde geht.

Wenn wir ein Tier einschläfern müssen, verbinden wir es mit einer kleinen Zeremonie. Ich nehme den Hund in den Arm, lege seinen Kopf auf meine Beine und verabschiede mich von ihm. Ich danke dem Tier für seine Treue und Liebe und dafür, dass es in meinem Leben war. Ich erzähle ihm von schönen Momenten, die wir gemeinsam erlebt haben, und dann sage ich ihm, dass er loslassen und gehen könne, um befreit zu sein von Schmerz und Qual.

Ich weiß, dass mich viele für verrückt halten, aber ich weiß, dass mich meine Tiere verstehen. Sie antworten mir auf ihre Weise, mit einem Blick, der Art, wie sie atmen und reagieren. Manchmal heben sie kurz ihre Pfote und stupsen mich mit ihrer Schnauze an. Sie sagen »Adieu«.

Erst dann gibt Julia ihnen die Spritze, und es dauert nur ein paar Sekunden, in denen sie langsam wegdösen. Ich streichle sie in den Tod.

Später wickeln wir sie in eine Folie ein und beerdigen sie. Auf das Grab legen wir Steine und ihr Namensschild. Dazu stelle ich eine kleine Kerze auf. Ich bin nicht religiös, aber das Licht ist mir wichtig. Es ist ein Innehalten für ein Lebewesen, dem ich stets nah war.

Übrigens zünden wir immer wieder Kerzen für unsere Tiere an. Damit danken wir ihnen dafür, dass sie uns auf unserem Lebensweg begleitet haben. Sie werden nicht vergessen!

Bevor Julia geht, nimmt sie mich in den Arm. »Du wirst dich nie daran gewöhnen«, flüstert sie mir ins Ohr. »Genauso wenig, wie ich das kann.«

Ich nicke und wische mir die Tränen aus dem Gesicht. »Deshalb mögen wir uns auch«, sage ich leise.

Aber heute komme ich nicht mehr zur Besinnung, denn wieder ruft mich Lies.

»Unsere Mama Lisa ist so weit!«

»Jetzt schon?«, sage ich überrascht. »Aber gut, dann sehen wir erst einmal, wie es Lisa geht. Komm, Annika, das ist auch schöner für dich.«

Ich streichle dem jungen Mädchen noch schnell über den Arm, bevor ich aufspringe.

Mit wenigen Sätzen bin ich im großen Doppelzwinger.

Lisa liegt auf der Seite und hechelt schwer. Nur Lies und ich gehen zu ihr. Sie soll keinen zusätzlichen Stress haben.

63 Tage trägt die Hündin, und wenn sie morgens nicht mehr frisst, wissen wir, dass sie bald ihre Babys bekommt.

»Ich bin gespannt, wie viele es sind«, flüstert Lies mir zu.

Wir wollen uns gerade zurückziehen und Lisa die nötige Ruhe schenken, als es auch schon losgeht.

Und dann liegen sie auch schon da, im warmen Stroh; vier kleine Fellbündel, leise wimmernd und vorsichtig strampelnd. Mit geschlossenen Augen starten sie in ihr neues, spannendes Leben.

Wir sehen zu, wie Lisa sich um sie kümmert, sie sauber leckt und darauf achtet, dass alle trinken können. Ein schönes Bild!

»Sie ist glückliche Mama!«, sagt Lies und lächelt mir augenzwinkernd zu. »Genau wie du!«

Ich fühle, dass mir ein paar warme Tränen über die Wangen kullern, während ich der tapferen Lisa über den Kopf streichle.

»Hast du schon eine Idee, wie wir die vier Minis nennen wollen?«

Lies hat sich offenbar bereits Gedanken gemacht. Jeder Wurf steht unter einem Motto. Wir benennen die Hunde nach Popstars wie Elvis und Fats Domino, nach Hauptstädten wie Oslo und Kairo, nach Bergen wie dem Kilimandscharo und dem Mount Everest ...

»Was hältst du von Klassikern? Tristan, Isolde, Melot und Marke. Das passt doch?«

»Oh, für die Opernfans unter unseren Gästen, ja gern«, sage ich und bitte Annika, die Namensschilder für unsere vierbeinigen Babys vorzubereiten. Jedes Tier hat bei uns einen

Namen, und der ist wie bei uns Menschen an der Wohnungstür draußen an seinem Zwinger in Form eines Schildes angebracht.

Wir fertigen die Schilder aus natürlichen Holzplättchen und schnitzen den Namen mit einem Spachtel hinein.

Ich bleibe noch ein bisschen bei den kleinen Puppys und stelle mir vor, wie schön ihr Leben bald sein wird. Sie leben in der Natur und können das tun, was sie von ganzem Herzen lieben: rennen und draußen herumtollen!

»Hallo, was kann ich für dich tun?« Der junge Mann stellt sein Fahrrad an meine Scheune und hat mich offensichtlich nicht kommen hören, denn er sieht mich überrascht an.

»Ich bin Lotti, und du?«, frage ich weiter. Wir wohnen zehn Kilometer von der E10 entfernt. Es gibt ein kleines Hinweisschild zu uns, aber der kurvige Schotterweg ist selten problemlos zu befahren. Fremde kommen deshalb so gut wie nie zu uns heraus. Es ist eine kleine Sensation, dass plötzlich ein ganz unbekanntes Gesicht hier auftaucht.

»Hallo, ich bin Cäsar«, sagt der junge Mann und nickt mir freundlich zu. »Ich bin auf der Durchreise und auf der Suche nach Arbeit.«

Ich muss schmunzeln. »›Durchreise‹ klingt hier oben in der Wildnis passend. Woher kommst du denn, und wohin willst du?«

»Ich komme aus Dresden, und wohin ich will, kann ich noch nicht sagen.«

»Hast du etwas gelernt?«

»Ich bin Tischler!«

Bei dem Wort »Tischler« gehen alle Lampen in meinem Kopf an.

»Was hältst du von einem Kaffee und einem leckeren Stück Kuchen? Lass dein Fahrrad stehen und komm erst mal mit herein.«

Ich habe eine gute Menschenkenntnis und sehe schnell, wer zu uns passt – und dieser junge Mann mit dem ungewöhnlichen Namen könnte unser kleines Team perfekt ergänzen.

Während ich frischen Kaffee aufbrühe, erzählt mir Cäsar seine spannende Geschichte. Er kommt aus Dresden und hat ein paar Jahre dort als ganz normaler Geselle gearbeitet, aber dann hat ihn die Reiselust gepackt, und er ist als Handwerksgeselle auf Wanderschaft gegangen, oder, wie er sagt, »auf die Walz«: Ganz traditionell, mit entsprechender Kleidung und »Wanderbuch«, hat er sich drei Jahre durch Europa, Nordamerika und Kanada gearbeitet. Einfach loslegen. Völlig frei sein. Neue Orte, Länder, Sprachen und andere Menschen kennenlernen, aber auch andere Arbeitstechniken. Er hat ganz allein bestimmt, ob er bleiben oder gehen will, ob er es eilig hat oder sich Zeit lassen möchte, nie genau wissend, was der Tag ihm bringt.

Das hat ihn frei gemacht und unabhängig. Das Korsett einer Festanstellung hat ihm danach nicht mehr gepasst, und von nun an war es nur noch ein kleiner Schritt, sich noch weiter in der Welt umzusehen. An Lappland reizen ihn die Einsamkeit, die Stille und die Gewissheit, nur ganz selten Menschen zu begegnen. Außerdem möchte er seine Erfahrungen als Musher ausbauen, denn in Kanada hat er schon mit Schlittenhunden gearbeitet.

Ich setze mich zu ihm, und während er von seinen Reiseerlebnissen erzählt, denke ich daran, dass mir dieser unbändige Wunsch nach etwas Neuem, nach Freiheit und Abenteuer, dass mir das so bekannt vorkommt.

Jetzt lebt er wieder in seiner Heimatstadt und ist tatsächlich von dort aus mit dem Fahrrad hier hoch gestrampelt. 2.500 Kilometer in 20 Tagen. Seine Idee: das Leben auf sich zukommen lassen, lernen, Neues genießen.

»Kannst du dir vorstellen, länger zu bleiben?«, frage ich dann direkt. »Ich könnte einen Tischler gut gebrauchen.«

»Klar«, entgegnet er kurz und knapp.

»Bist du tierlieb?«

»Ja, sehr, sonst hätte ich mir nicht die Mühe gemacht, den ganzen Weg hierher zu strampeln.«

»Na, bei 2.500 Kilometer spielen die zehn Kilometer zu mir auch keine Rolle mehr«, ulke ich. »Aber wie gesagt, da du Huskys liebst, bist du mir sehr willkommen.«

Cäsar bleibt und macht sich in jeder Hinsicht gut. Er hat ersichtlich Erfahrung mit Hunden. So selbstverständlich, wie er in den Zwinger geht, macht das niemand, der zuvor nichts mit Hunden zu schaffen hatte.

Als ich später mit ihm den Arbeitsvertrag aufsetze, bespreche ich, was es alles zu tun gibt: Die Zwinger brauchen eine Auffrischung, an meiner Terrasse fehlen Balken, und eines der Gästezimmer könnte eine neue Deckenverkleidung gebrauchen. Ich wünsche mir auch neue Hundehütten und, ach ja, von einem neuen, viel größeren Bootssteg träume ich auch schon lange.

Cäsar schrecken meine Pläne nicht ab.

»Kann ich gleich loslegen?«, meint er. Ich lächle.

Wir verstehen uns auf Anhieb.

Als ich heute früh meine Kaffeemaschine anstelle, steht Wanda nicht, wie sonst immer, schwanzwedelnd am Fenster. Ich ahne sofort, was das bedeutet: Wanda ist mit 13 Jahren sehr alt für einen Husky, und man muss stets damit rechnen, dass sie das Zeitliche segnet.

Ich lasse sofort alles stehen und liegen und laufe nach draußen. Sie liegt friedlich da, neben ihrem Knochen, und scheint zu schlafen.

Aber sie rührt sich nicht, als ich sie rufe, und auch nicht, als ich sie streichle. Wanda ist tot. Einfach eingeschlafen, an Altersschwäche verschieden.

Obwohl ich vorbereitet sein müsste, ist ihr plötzlicher Tod ein Schock. Ich setze mich weinend neben sie, umfasse ihre treuen Pfötchen und weine bitterlich. Ich werde mich nie daran gewöhnen, dass eines meiner Tiere gehen muss. Es tut immer weh, furchtbar weh!

Mein Glück auf vier Pfoten
und was Lies damit zu tun hat

Es ist ein prächtiger Sonnentag im momentan eiskalten Februar. Das Thermometer zeigte heute früh minus 22 Grad. Wenn ich aus dem Fenster sehe, wirkt die tief verschneite Landschaft wie in einer blitzeblanken Glaskugel. Kein Lüftchen regt sich. Alles ist kristallklar.

Früher habe ich immer davon geträumt, an solchen Bilderbuchtagen spontan hinauszufahren und ganz allein mit meinen Hunden über den Trail zu gleiten. Doch natürlich war das nie möglich. Der Tag war immer randvoll mit Pflichten. Eine Tour musste geplant werden.

Viele Jahre, ja Jahrzehnte ging das so. Aber jetzt ist das anders. Ich muss nicht mehr alles allein machen. Ich kann auch einfach mal nur genießen, und das gelingt nirgends besser als draußen im Schnee.

Ich habe mir mittlerweile ein kompetentes Team zusammengestellt, auf das ich mich zu hundert Prozent verlassen kann. Denn genau wie Lies ist auch Cäsar geblieben. Er ist nicht nur ein traumhafter Handwerker, sondern zwischenzeitlich auch ein perfekter Musher geworden, mit hoher Sachkenntnis und großem Verantwortungsgefühl. Allerdings will er frei sein und lässt sich nie festlegen. Wenn ich immer mal wieder frage: »Wie lange hast du vor zu bleiben?«, bekomme ich keine Antwort außer: »Mal sehen ...«

Aber ganz ehrlich, ich bin mir längst sicher, dass er hier alt wird. Er passt zu uns und der Natur, ist kernig und in seinem Verhalten direkt. Er gibt sich immer authentisch, sagt, was er mag und was nicht, und stört sich nicht an Unbequemlichkeiten, die man hier oben einfach mal aushalten muss.

Im Sommer kommt er wie damals bei unserem Zusammentreffen mit dem Rad auf das Gelände, und wenn ich ihn sehe, denke ich immer gern an unsere allererste Begegnung zurück. Er hat sich uns quasi ausgesucht, und das war für uns alle ein Volltreffer. Besonders für die Lodge. Seitdem er da ist, knirscht und lottert nichts mehr. Cäsar hat seine Augen überall, entdeckt kleinste Unzulänglichkeiten an den Holzkonstruktionen, prüft und legt los.

Mittlerweile ist er auch ein guter Freund geworden. Ich vertraue ihm blind und möchte zu gern, dass er bleibt. Und es sieht gut aus. Denn er wohnt längst nicht mehr in der Praktikantenunterkunft, sondern hat sich in der Nähe der Hauptstraße ein kleines Häuschen gemietet. Aber als sesshaft möchte er trotzdem nicht gelten. Damit geht es ihm wie vielen Ausländern, die hier wohnen. Sie betonen ihre Freiheit. Ich respektiere das und mache das Spielchen mit. Es ist eben ein buntes Völkchen, das sich hier oben findet. Die ungewöhnliche Natur passt nur zu ungewöhnlichen Charakteren. Anderen ist das Leben zu ungewöhnlich, zu hart, zu speziell.

Ich sehe zur Uhr. Vor 18 Uhr wird er mit den Gästen nicht zurück sein.

Lies sitzt oben im Büro am PC und arbeitet fleißig an unserem Instagram-Profil. Täglich präsentiert sie unseren zahlreichen Followern neue Eindrücke vom »Snowtrail Dogcamp«: spielende Hunde, Pfoten im Schnee, faszinierende

Naturfotos, allerlei Eindrücke unseres eigentlich immer spannenden Alltags.

»Brauchst du mich heute? Oder kommst du ohne mich klar?«, rufe ich zu ihr hinauf.

»Wetten, dass ich weiß, was du vorhast?«, antwortet sie, und ich muss schmunzeln. Sie kennt mich einfach mittlerweile verdammt gut.

»Dann nehme ich mir heute meinen freien Tag und bin dann mal weg!«

Ich schnappe mir das dicke Winterzeug an der Garderobe. Im Vorraum schlüpfe ich in die Stiefel, und dann mache ich meinen Schlitten fertig. Ich habe mein Team, mit dem nur ich hinausfahre.

Nach Wandas Tod ist Shanty meine neue Leithündin geworden. Sie ist ganz anders als ihre beiden Vorgängerinnen. Natürlich perfekt im Gelände, das ist klar, aber ungewöhnlich scheu mit anderen. Shanty lässt sich nur von mir und ausnahmsweise auch mal von Lies und Cäsar anfassen. Alle anderen Menschen meidet sie.

Als ich in voller Wintermontur an ihrem Zwinger stehe, startet sie sofort ein wildes Freudengeheul, und wenn ein Husky heult, heulen alle, die noch im Camp sind, begeistert mit. Nach und nach hole ich mein Team heraus, Emil, den zweiten Leader, einen schwarz-weißen riesengroßen Rüden, und dazu Fluela und Mogli, Coco und Rama, Arak und None. Ich werde heute mit acht Hunden fahren. Das Team ist dann stärker, denn es hat heute geschneit, und wir werden nicht nur zum Vergnügen unterwegs sein, sondern auch, um den zugeschneiten Trail zu öffnen.

»So, ihr Lieben, wir haben eine Aufgabe zu erledigen«, sage ich mit fester Stimme und streichle Shanty und Emil, sehe beiden in die Augen und ergänze mit eindringlichem Tonfall: »Macht euren Job gut, richtig gut!«

Die beiden sind sehr erfahren und springen nicht wie Junghunde aufgeregt hin und her, sondern bleiben stehen, angespannt, ungeduldig, aber auf mein Kommando wartend.

Behutsam lege ich allen Tieren Geschirre an. Bei mir sitzt jeder Handgriff. Es dauert nur ein paar Minuten, und dann stelle ich mich auf den Schlitten. Ich rücke mir die Sonnenbrille sicher auf die Nase, ziehe mir die Kapuze zurecht und umklammere fest den Führungsgriff.

Konzentriert schließe ich kurz die Augen. Es ist so weit. Es kann losgehen.

»Go«, rufe ich laut und zackig, und mit lautem Gebell und einem kräftigen Ruck setzt sich mein Team in Gang. Wir fahren den kleinen Weg durch die Zwingeranlage hindurch in den Wald. Sicher bahnen sich die Tiere ihre bekannte Route durch den flockig-weichen Pulverschnee. Ihre Beine bewegen sich schneller und schneller, wir fliegen durch die weiße Pracht, und die Kufen des Schlittens spuren den Weg.

Die Ausfahrten im unberührten Tiefschnee machen besonders viel Spaß, den Hunden, aber auch mir. Jetzt sind wir gleich auf der Lichtung, und vor mir breitet sich der zugeschneite See aus.

Und da ist es wieder, dieses tiefe Glücksgefühl, das sich mit jedem Meter Fahrt weiter in mir ausbreitet. Ich möchte fahren, immer weiter hinaus, bis zum Horizont, in die Unendlichkeit, weil es so unvergleichlich schön ist.

Der Schlitten schnurrt wie ein automatischer Rasenmäher durch den Tiefschnee, so gleichmäßig, so sanft. Diese Weite, diese unendliche Weite. Es gibt nichts, was mich einschränkt.

Das ist die Freiheit, die ich meine. Hier auf dem Schlitten ist sie greifbar.

Bestimmt zwei Stunden düsen wir über die riesigen schneebedeckten Eisflächen, überqueren kaum spürbar eine schmale Landzunge, um mit einem leichten Satz hinüber auf den nächsten See zu gleiten. Und schon geht es weiter. »Schneller«, rufe ich, und mein herrliches Gespann genießt es, Tempo zu geben.

Dieses Land ist so groß und weit, dass man keine Grenzen bemerkt. Ich fahre und fahre und werde nicht müde.

Ich könnte den ganzen Tag und die ganze Nacht hier stehen, meinen Hunden zusehen und die Einsamkeit genießen.

Nur noch ein kurzes Stück sausen wir über den Schnee. Gleich werden wir wieder das Ufer erreichen. Aber was ist das? Verdammt! Ich sehe den Ast zu spät. Der Schlitten beginnt zu schlingern. Ich versuche, mit dem Gewicht dagegenzuhalten. Die Hunde merken sofort, dass etwas nicht stimmt. Sie werden unruhig, wollen weg und versuchen, noch schneller zu rennen.

Es dauert nur den Bruchteil einer Sekunde, der Schlitten kippt, und wir schlittern alle auf die knallharte und leider auch glitschig-nasse Eisfläche und rutschen darauf wie auf Schmierseife.

Die Hunde bellen immer nervöser. Sie haben Angst, wollen fort, sacken aber mit ihren Beinen immer wieder weg. Der Schlitten ist zu schwer.

Ich wuchte jetzt mit aller Kraft das Ungetüm hoch, gleite aber auf dem Eis ebenfalls weg und falle noch tiefer in die matschige Kälte.

Verdammt, so habe ich keine Chance. Die Sonne wird bald untergehen, und ich stehe mit einem nicht mehr funktionsfähigen Gespann auf einem abgelegenen Trail, dummerweise auch noch nass.

»So ein Mist«, schimpfe ich vor mich hin und zerre noch einmal mit ganzer Kraft an dem Schlitten. Ich bin hoch konzentriert. Denn das wird richtig gefährlich.

»Das muss doch zu schaffen sein«, murmle ich und möchte mir selbst Mut zusprechen. »Nun macht doch mal mit, los, gemeinsam können wir das schaffen!«

Ich fasse den Schlitten mit beiden Händen, suche nach einem festen Tritt, beobachte, wie die Hunde immer wieder versuchen, das Gefährt zu befreien, und dann, in der genau richtigen Sekunde, schreie ich laut »Go« und schiebe zeitgleich mit aller Kraft den Schlitten an.

Und wirklich, die Kufen greifen. »Go«. Und noch einmal »Go«, und dann setzt sich das Gefährt in Bewegung.

Eine Kufe ist nicht mehr eben. Ich merke das an dem Ruckeln. Aber es muss jetzt so gehen. Es wird bald dunkel, und der Trail ist zugeschneit.

Auch die Hunde merken das und laufen spürbar verhaltener. Sie sind unsicher, das sehe ich, aber so haben wir keine Chance, sicher nach Hause zu kommen. Mir ist kalt, und mein Herz beginnt dagegen anzupumpen.

Ich könnte Lies anrufen. Aber gleich wird es dunkel. Ich sehe in den Himmel. Eine dunkelgraue Schneewolke öffnet sich gerade, und es beginnt heftig zu schneien.

Ich kann nicht auf sie warten. Das dauert zu lange. Der Wind bläst mir jetzt den dichten Schnee ins Gesicht. So eine Situation habe ich noch nie erlebt. Ich muss jetzt wirklich hellwach sein und kann mir keinen Fehler mehr erlauben.

»Stopp«, rufe ich laut und setze den Anker. Dann gehe ich nach vorn zu Shanty und Emil und knie mich neben die beiden.

»Hey, meine Süßen, bringt mich nach Hause, so schnell es geht. Wenn wir jetzt alle zusammen stark sind, dann werden wir es schaffen.«

Shanty hechelt. Sie spürt, dass sie jetzt gefordert ist.

Ich streichle kurz ihren Bauch. Das mag sie so gern. Sie lehnt sich an mich, aber ich kann jetzt keine Schmusestunde einlegen.

»Nein, nein, das passt jetzt nicht. Pause gibt es später. Wir müssen uns beeilen. Also los, meine vierbeinigen Freunde, ihr packt das. Ich weiß es. Los.«

Zurück auf dem Schlitten verspüre ich ein tiefes Urvertrauen. In meine Tiere, die mich schützen und sicher zurückbringen werden, und in das Leben, das es auch jetzt wieder gut mit mir meinen wird.

Mein Schneeanzug hält die Nässe nicht mehr ab, mittlerweile hat er eine dicke Eisschicht. Ich muss mich beeilen. Bei minus 15 Grad ist Nässe nicht gut. Es wird schnell kalt, sehr kalt.

Die Dunkelheit bricht noch schneller an als erwartet. Aber Shanty und Emil finden sich gut zurecht. Sie kennen den Weg, und ich bin sicher, sie wissen, dass wir zügig nach Hause müssen.

Ich friere mittlerweile entsetzlich. Die steif gefrorene Kleidung und der eisige Fahrtwind sind eine nicht nur unangenehme, sondern auch gefährliche Situation. Ich zittere, nein, ich schlottere am ganzen Leib, aber ich bin trotzdem konzentriert, verspüre keine Angst, weil ich Vertrauen habe in meine Tiere. Man sagt, Huskys kämpfen für ihre Besitzer. Heute merke ich, dass es stimmt!

Als ich nach einer gefühlten Ewigkeit endlich die Lichter des »Snowtrail Dogcamp« sehe, bin ich maßlos erleichtert. Noch wenige Augenblicke, dann sind wir alle in Sicherheit.

Ich habe noch nie zu Übertreibungen geneigt, aber das hätte ins Auge gehen können. Wir hatten einen Schutzengel – bestimmt mit vier Beinen.

Als Lies mich kommen sieht, erkennt sie sofort den Ernst der Lage und läuft mir besorgt entgegen.

»Mensch, Lotti, ist alles okay? Du siehst ja aus wie ein Eismännchen. Los, ab, geh ins Haus. Ich kümmere mich um alles.«

»Danke, Lies«, murmele ich, und mein Mund ist so starr gefroren, dass ich kaum ein Wort herausbekomme.

»Geht es? Kommst du zurecht?«, fragt sie noch, und ich nicke mit letzter Kraft. Aber eigentlich ist nichts okay. Es geht mir schlecht, und ich weiß, dass ich allein nie zurückgekommen wäre. Es waren die Tiere, die mich gerettet haben! Sie hatten auf dem Rückweg einen völlig entkräfteten Musher und sind quasi allein gelaufen ...

Im Flur genieße ich die mir entgegenkommende Wärme. Ich habe Mühe, mich hinzuknien, um die schweren Stiefel auszuziehen. Meine Beine sind gefühlt wie Eisbrocken.

Ich schleppe mich zitternd an den großen Eisenofen, lasse mich in den davorstehenden Sessel fallen und spüre, dass mir schwindelig ist. Nur nicht wegsinken, denke ich und versuche, ruhig und gleichmäßig zu atmen. Es ist die Mischung aus Anspannung, Kälte und Entkräftung, die mir jetzt zusetzt.

Als Lies wenig später vor mir steht, sieht sie mich erschrocken an. Ich muss ein Bild des Jammers abgeben.

»Wie geht es den Hunden?«, frage ich als Erstes.

»Sie haben gut gegessen und werden gleich schlafen. Und das solltest du auch tun, aber vorher mache ich dir ein schönes Mahl, und du gehst unter die Dusche, mach schon, es ist wichtig.«

Lies kocht mir einen Tee und ein leckeres Nudelgericht, und nach einer herrlich warmen Dusche sitze ich dick eingemummelt mit ihr am Tisch und genieße ihre Fürsorge. Es ist wunderbar, langsam wieder zu Kräften zu kommen.

»Mit der Natur hier oben ist nicht zu spaßen«, sage ich leise. »Ich bin schon so lange hier und habe noch nie einen wirklich dramatischen Unfall gehabt«, erzähle ich. »Gut, jeder fällt mal als Anfänger vom Schlitten. Aber dann rappelt man sich wieder auf und macht weiter. Aber das heute war etwas anderes – und richtig gefährlich.«

Ich sehe Lies an. »Du, das war schon richtig dramatisch. Ich kann mich nicht erinnern, schon einmal in so einer Situation gewesen zu sein.«

»Aber Lotti, es hat heftig geschneit, da kann man rasch etwas übersehen.«

»Ach was. Ich war unkonzentriert. Ich hätte das vorhersehen müssen und können. Ich habe aus Unachtsamkeit nicht nur mein Leben, sondern auch das meiner Tiere in Gefahr gebracht. Das war leichtsinnig und dumm von mir.«

»Du hast eben viel um die Ohren gerade.«

»Mag sein, aber das darf trotzdem nicht passieren.«

Ich sehe aus dem Fenster. Der Vollmond spiegelt sich in der Glitzeroberfläche des zugeschneiten Sees und sieht aus wie ein Diamantenmeer. Ein schönes Bild.

»Ich weiß nicht, warum es passiert ist, wirklich nicht. Eigentlich geht es mir doch gut, Lies«, rätsle ich. »Ich bin überglücklich geschieden und Sven damit dauerhaft los. Die Finanzen sind geregelt, das Geschäft läuft, und auch das Theater mit Tor setzt mir nicht mehr zu. Ich habe mich daran gewöhnt, ständig auf Absperrungen zu stoßen. Ich lasse sie wegräumen oder mache es selbst. Es berührt mich nicht mehr.«

Ich lächle Lies zu. »Ich habe zwei tolle Mitarbeiter, auf die ich mich verlassen kann und die ein gutes Händchen bei der Auswahl unserer Praktikanten haben. Eigentlich sind das gerade die besten Jahre seit sehr, sehr langer Zeit. Es müsste mir blendend gehen ...«

»Lotti, das ist doch auch so!«

»Das dachte ich bis heute auch«, pflichte ich ihr bei. »Aber offenbar stimmt es nicht. Ich bin jetzt mehr als zwei Jahrzehnte in Lappland. So ein Unfall wie heute wäre mir früher nicht passiert, niemals. Aber ausgerechnet jetzt, in einer Zeit, in der ich keine ernsthaften Sorgen habe, sehe ich ein Hindernis nicht. Das war ein Zeichen, ganz bestimmt. Ich muss etwas ändern.«

»Na, dann überlegen wir mal gemeinsam, was das sein könnte. Wir machen eine Faktenanalyse und suchen eine Lösung!«

Ich muss lachen. Das liebe ich so an Lies. Sie ist immer sachlich, beherrscht, konzentriert. Während ich viel aus dem Bauch heraus entscheide, gebraucht sie bei allem ihren Kopf. Wir ergänzen uns perfekt.

Ich erzähle, dass ich nach all der Schufterei, den Jahren mit ständiger Existenzangst und wenig Schlaf müde sei: Ich will weiterhin Höchstleistungen bringen, ganz bestimmt, aber nicht mehr 24 Stunden an 365 Tagen im Jahr. »Es gibt doch noch etwas anderes als ›Snowtrail‹ ...«, höre ich mich sagen und bin von mir selbst überrascht. »Seit einiger Zeit spukt mir so viel im Kopf herum.«

»Und an was denkst du konkret?«, hakt Lies nach.

»Ich lebe hier in der für mich schönsten Gegend der Welt. Weißt du, Lies, die Bilder heute zu Beginn der Tour, als die Sonne noch richtig vom Himmel brannte, die waren einfach unvergleichlich. Diese Kombination aus blauem Himmel, Schnee und Huskys, die macht innerlich so rundherum satt.«

»Aber offenbar nicht satt genug«, meint Lies.

»Ja, mag sein. Die Welt hört eben hier oben nicht auf.«

»Sehnst du dich nach einer neuen Liebe?«, fragt Lies, und ihre Stimme klingt zögerlich. »Ich meine, du bist doch schon so lange allein.«

»Ich weiß, auf wen du anspielst. Ja, als Gerd vor zwei Jahren da war, habe ich mir das schon vorstellen können.«

»Du meinst deinen Jugendfreund, der sich plötzlich für Schlittentouren interessierte und bei dem man auf den ersten Blick erkennen konnte, warum er hier war: Er wollte dich zurückerobern ...«, bricht es jetzt mit einem schelmischen Lachen aus Lies heraus.

Ich muss ebenfalls herzhaft auflachen. »Ja, stimmt, er hat aber auch keinen Hehl daraus gemacht, und ich war ja auch, wie du mitbekommen hast, nicht ganz uninteressiert ...«

»Das hast du aber nett ausgedrückt. In meinen Augen warst du bis über beide Ohren verliebt. Cäsar und ich haben schon fest damit gerechnet, dass er bald hier einzieht. Ich habe dich noch nie so offen ›Schatz‹ sagen hören.«

»Stimmt, ich habe das wirklich eine Zeit lang überlegt. Es war schön, wieder jemanden an der Seite zu haben. Welche Frau träumt nicht davon, und es war auch das erste Mal nach Sven, dass mich wieder ein Mann faszinierte.«

»Willst du mir sagen, warum er nur noch zweimal hochgekommen ist und dann plötzlich verschwand?«

»Ja, klar, ich habe auch schon mit Sonja darüber gesprochen. Es ist ganz einfach: Ich habe kalte Füße bekommen. Die Vorstellung, mich wieder auf einen Mann einzulassen und Rücksicht nehmen zu müssen, die gefiel mir gar nicht. Ich glaube, es sind die Nachwirkungen der Jahre mit Sven. Die Zeit mit ihm war für mich zu schlimm. Ich bin ein ›gebranntes Kind‹, wie man so schön sagt. Partnerschaft ja, aber nicht mehr so eng und so intensiv.«

»Also ein kategorisches ›Nein‹ ist es nicht?«

Ich schüttle den Kopf. »Nein, das nicht. Aber ich suche auch nicht. Ich komme gut allein zurecht. Es reizt mich mehr, wieder zu reisen oder noch einmal etwas anderes auszuprobieren. Versteh mich nicht falsch, Lies. Ich habe nichts Konkretes vor Augen. Aber vielleicht wieder etwas mehr ›Leben im Leben‹, daran denke ich in letzter Zeit häufig.«

Ich sehe Lies an. »Und wie sieht es denn bei dir aus? Du bist jung und hübsch und lebst allein. Fehlt dir kein Partner?«

»Lenk nicht ab«, schimpft Lies mich daraufhin spielerisch. »Hier oben wird man schnell zum Einzelgänger. Wir sind doch alle Singles: du, ich, Cäsar. Es liegt an der Gegend. Aber irgendwann steht der Richtige vor uns, ganz sicher. Und so lange überlegen wir gemeinsam, was wir uns für dich vorstellen können. Als Ausgleich, wenn Zeit bleibt ...«

»Ich nähe zum Beispiel gern und könnte meine Schlittensack-Produktion für Göran Larsson wieder ausbauen. Du weißt ja, dass ich es nie ganz aufgegeben habe. Daran hätte ich Freude.«

»Hast du noch eine Idee?«

»Im Moment nicht, aber es eilt ja auch nicht.«

»Wenn wir uns regelmäßig zusammensetzen, fällt uns bestimmt noch mehr ein. Du bist so kreativ. Ich habe aber noch einen Tipp, damit du schneller auf neue Gedanken kommst und gut schlafen kannst: Ich mache dir ein Glas warmen Tee mit Rum.«

Lies weiß, dass ich so gut wie nie Alkohol trinke. Auch wenn mir die Kälte immer noch tief in den Knochen sitzt und ein Gläschen ja schon gut zu meiner Plauderlaune passen würde.

Aber mein Einspruch interessiert sie heute nicht. Sie hört gar nicht zu, brüht stattdessen den Tee auf und ergänzt ihn mit einem Riesenschuss aus der Rumflasche, die im Regal für unsere Gäste steht.

»Hier, das entspannt, wärmt und lässt dich morgen klarer sehen.«

»Aber ...«, versuche ich mich noch ein kleines bisschen zu wehren.

»Papperlapapp«, erwidert Lies und hört sich jetzt richtig streng an. »Du brauchst jetzt mal eine Pause, wenn auch nur eine kurze. Dazu den leckeren Rum. Also, lass dich fallen. Und morgen früh sieht alles nicht mehr grau aus, sondern kristallweiß wie der Schnee, der draußen im Sonnenlicht glitzert.«

Ich muss schmunzeln. Das ist ein hübscher Vergleich.

Die Ruhe, die Fürsorge, das Gefühl, nicht allein zu sein, sondern jemanden an der Seite zu haben, der es gut mit mir meint, das ist einfach schön. Und Lies lässt mir nicht einmal Zeit zum Jammern.

»Jetzt kannst du mal wieder beweisen, was in dir steckt. Sieh es doch mal aus dem Blickwinkel! Freu dich, dass du nun die Möglichkeit hast, dir etwas zu gönnen und vielleicht deinem Leben noch einmal eine neue Wendung zu geben. Du wirst auch diese Herausforderung packen, ganz bestimmt.«

»Ich will aber nicht immer etwas packen«, sage ich fast schon trotzig.

Seit ich nach Schweden gekommen bin, muss ich ständig Krisen meistern und beweisen, dass ich den Karren aus dem Dreck ziehen kann oder besser: den Schlitten vom Eis. Ich finde, es reicht jetzt. Mir ist die Freude am »sich beweisen« vergangen.

»Was du findest, interessiert aber das Schicksal nicht«, ulkt Lies und schenkt mir einen weiteren Rum ein.

Das Sonnenlicht tanzt mir auf der Nase und holt mich aus meinen ziemlich turbulenten Träumen. Ich blinzle vorsichtig in den Tag. Weil ich keinen Alkohol gewohnt bin, spüre ich den Rum von gestern in meinem Kopf.

»Kaffee ist fertig«, reißt mich Lies aus meinen Gedanken und summt in Anlehnung an den auch in Schweden populären Hit von Peter Cornelius die Melodie, während sie zwei Becher für uns auf den Esstisch stellt.

»Na, meine Liebe, wie sieht es heute aus? Hattest du schon Gelegenheit, dich das zu fragen?«

Ich nehme den Kaffee und schüttle noch schlaftrunken den Kopf.

Lies nimmt einen kräftigen Schluck und lächelt mich an.

»Ich weiß es aber, meine Liebe. Ich erinnere dich einfach an das, was ich von dir gelernt habe: *Never give up!* Also, ich habe heute früh schon etwas gerechnet. Nach den Zahlen, die mir vorliegen, kannst du jetzt ruhig mal etwas kürzertreten. Wir denken natürlich positiv und gehen davon aus, dass du bei der Qualität, die du im Tourismus hier oben lieferst, weiterhin Zuwächse haben wirst.«

Sie schiebt mir einen Zettel hin.

»Hier, das sind die Zahlen, die ich grob überschlagen habe. Du weißt, ich kenne das Metier. Du stehst sehr gut da, sowohl bei den Gästen als auch bei den Zulieferern. Grüble nicht, ob es gut oder schlecht ist. Verwirkliche deine Träume. Die Zeit ist reif.«

Ich sehe hinaus in die tief verschneite Landschaft. Die Sonne macht sie zu einem Glitzerparadies wie in einem der berühmten Walt-Disney-Weihnachtsfilme. Ich bin so glücklich, hier leben zu dürfen.

»›Und Probleme gehören nun mal zum Leben‹, hat meine Oma immer gesagt. ›Sie sind dazu da, stark zu werden.‹ Demnach bin ich ein Preisboxer.«

»Lotti, du bist jetzt 65 Jahre alt. Lebe deine Träume einfach weiter. Lass dir den Wind um die Nase wehen und mach, was dir guttut. So einfach ist das!«

»Du hast ja recht, ich danke dir. Weißt du was, wir beide frühstücken jetzt ausgiebig, und in der nächsten Zeit mache ich mir mal Gedanken, wie mein Leben weitergehen soll.«

»Wir könnten anbauen, uns vergrößern und ein eigenes Hotel eröffnen!«, meint Lies übermütig, und ich weiß nicht, ob sie mich damit aufziehen will oder nicht.

»Von wegen!«, flachse ich zurück. »Ich sehne mich nach einem ganz normalen Zwölf-Stunden-Tag. Das wäre schon was.«

»Was hältst du denn von acht Stunden?«

»Geht das auch?«

Ich will nichts übereilen. In dieser Stimmung war ich schon einmal und habe mich aus dem Moment heraus in ein neues Leben gestürzt. Das kann auch anders gehen, und deshalb warte ich dieses Mal einfach mal ab. Nach meinem dummen Unfall draußen im Schnee und dem intensiven Gespräch mit Lies gestern ist mir klar geworden, dass mir etwas fehlt und sich etwas ändern wird. Aber ich weiß mal wieder nicht, was. Doch ich laufe auf keinen Fall mehr dem nächstbesten Mann hinterher, sondern warte ab und horche in mich hinein. Ich habe Zeit.

»Die Gäste möchten aber kein Ausweichquartier. Die wollen unbedingt zu Ihnen!«

Es ist die vierte Anfrage eines Reisebüros in dieser Woche, und ich bin stolz und zufrieden zugleich.

»Geben Sie mir bitte etwas Zeit, und ich versuche gern, das für Sie hinzubekommen«, flöte ich freundlich und werde gleich als Erstes mit Lies sprechen. Sie ist eine gute Organisatorin.

Übrigens hat sie jetzt Nägel mit Köpfen gemacht und sich in der Nähe der Hauptstraße ein kleines Haus gekauft oder besser: ein richtiges Anwesen. Es sind wie in Schweden üblich drei Häuser, eins für sie, eins für die Eltern, die regelmäßig zu Besuch kommen, und eins für Freunde, wunderschön in Grauweiß gestrichen. Dazu eine Zwingeranlage für ihre Hunde. Wer auf den Hof fährt, wird von sechs Huskys fröhlich begrüßt. Im Winter kommt sie mit dem Hundeschlitten und im Sommer mit dem Quad. Besser geht es nicht.

Es ist auch Lies' Verdienst, dass die Lodge so erfolgreich ist und gut gebucht wird.

Unsere Saison endet erst Anfang Mai, wenn der Schnee langsam schmilzt und die Natur langsam erwacht. Wenn im Juni die Sonne an Kraft zunimmt, wächst das Leben rasant. Es reichen ein paar Tage, und das frische Grün platzt aus dem Boden. Die Birken sind voller hellgrüner Blätter, und die Tannen haben helle Spitzen. Die Sonne bricht sich in den Blättern rund um die Uhr. Es ist faszinierend, wenn es nie dunkel wird. Auch um Mitternacht strahlt die Sonne satt auf unseren See, und wenn man um diese Zeit durch den Wald geht, verliert man das Gefühl für die Zeit. Es ist ein Erlebnis, und ich wünsche jedem Menschen, einmal diese Zeit hier oben erleben zu können.

Die Temperaturen können sommerlich heiß sein und auch nachts bei 15 Grad liegen. Die Menschen kommen aus ihren Häusern, beziehen die zahllosen kleinen Ferienhäuser rund um die ebenfalls zahllosen Seen. Es gibt jede Menge Boote, die friedlich über die Wasseroberfläche gleiten, und die großen Campingplätze füllen sich. Es herrscht Leben am Polarkreis. Man sieht zahlreiche Rentiere, die überhaupt nicht scheu am Straßenrand grasen. In den Wäldern hoppeln Hasen, und überall sprießen Beeren.

Zu uns kommen in dieser Zeit viele Wanderer und Fischer. Wir haben einen großen Grillplatz und sind beliebt für unsere Familienwanderungen, gern auch mal um Mitternacht.

»Hast du die beiden Jungen gesehen«, meint Lies, die gerade zwei Familien aus der Schweiz ihre Zimmer zeigt. »Als sie vor zwei Tagen kamen, hatten beide ihre Handys in der Hand und es nicht mal geschafft, eine Sekunde vom Display aufzusehen.«

Lies holt mich ans Fenster und zeigt auf eine Gruppe von Kindern, die draußen Feuerholz sammeln.

»Sieh mal, ihre Handys liegen im Zimmer, und glaub mir, sie haben ab jetzt kein Interesse mehr daran. Hier oben gibt es andere Dinge, die viel spannender sind.«

Ich lege Lies den Arm um die Schulter, und gemeinsam sehen wir dem Treiben draußen zu.

»Weißt du, wenn ich das sehe, dann habe ich alles richtig gemacht!«, kommt mir über die Lippen.

Lies lächelt, und gedankenverloren meint sie: »Ich frage mich schon lange nicht mehr, warum ich hier bin ...«

Ich strahle sie an: »Stimmt, Lies. Wir können jeden Tag dankbar sein für dieses Leben.«

Es ist 23 Uhr, noch taghell, und die Sonne strahlt einladend auf die Landschaft herab. Ich laufe barfuß die Holztreppen von meinem Haus Richtung See, genieße den Gang über den schaukelnden Steg und halte gefühlt mitten auf dem Wasser inne.

Die Oberfläche ist plan wie eine Glasscheibe. Nicht die kleinste Miniwelle kräuselt sich. Die tiefgrünen Bäume spiegeln sich darauf und auch der immer noch etwas schneebedeckte Avvakko. Das ganze Panorama erinnert mich an eine Postkarte aus der Schweiz. Unwirklich schön und wie mit Photoshop bearbeitet.

Aber hier ist alles real.

Ich atme die saubere Luft tief ein und tauche dann mit dem Fuß in das klare Seewasser.

»Brrr, Mittelmeertemperatur ist das nicht gerade«, sage ich spaßeshalber zu mir selbst. Aber dann schließe ich die Augen, schlüpfe aus dem Bademantel und lasse mich beherzt ins Wasser gleiten.

Es ist unfassbar erfrischend. Ich bin eine gute und sichere Schwimmerin, und es ist ein Geschenk, sich in dieser unberührten Natur einfach im Wasser treiben zu lassen.

Hier gibt es keine Umweltverschmutzung, keine Kanalisation, nichts, nur Schmelzwasser, das Trinkwasserqualität hat.

Wie vor einer gigantischen Fototapete drehe ich ganz genüsslich meine Runden. Es ist ein unvergleichlich beeindruckendes Gefühl. Ich schwimme hier in diesem See, ganz ohne Furcht, weil einfach nichts und niemand da ist. Ich bin mitten in der Nacht allein hier, mit Rentieren, Eichhörnchen und vielleicht ein paar Hasen. Wenn ich Glück habe, sieht mir ein Elch beim Schwimmen zu, und ich kann einen Blick auf ihn erhaschen. Aber auf dieses Bild warte ich schon seit Jahren vergeblich. Das Geschenk macht mir Lappland nur in ganz besonderen Momenten. Insgesamt habe ich nur zweimal das Glück gehabt: einmal auf einer Tour in die Berge und einmal bei einer Wanderung im Sommer. Aber das liegt schon Jahre zurück.

Ich könnte noch sehr lange im Wasser treiben. In der Rückenlage den wenigen am Himmel vorüberziehenden Wolken zusehen und meine Gedanken nach und nach ganz ausschalten und nur noch spüren, wie schön das Leben sein kann.

Zufrieden steige ich, als ich langsam müde werde, nach meiner Schwimmtour die festen Stufen der Leiter hoch auf den Steg. Die Gäste können sich freuen. So herrlich bequem kommt man selten aus dem Wasser. Cäsar hat mit seiner Konstruktion richtig gute Arbeit geleistet!

Nach meinem herrlich erfrischenden Bad ziehe ich mir den Liegestuhl auf die Holzplattform und mache es mir in meinem Bademantel bequem.

Ich habe ein Buch dabei, einen Reiseführer von Kolumbien, denn Ursula und ich planen eine Reise nach Südamerika. Ich verspüre richtig Lust, mir die Welt anzusehen.

In den letzten Wochen habe ich viel darüber nachgedacht, wie mein Leben künftig aussehen soll. Der dramatische Vorfall im Winter und der darauffolgende emotionale Abend mit Lies haben mich verändert und zum Nachdenken angeregt. Wenn ich noch »Leben ins Leben« holen will, dann jetzt.

Ich will keine Zeit mehr verlieren. Ich habe genug geschuftet in meinem Leben, und deshalb möchte ich mir künftig am Ende jeder Saison einen Urlaub gönnen.

Dieses Jahr geht es nach Kolumbien und nächstes Jahr vielleicht nach Asien. Aber das ist noch lange hin. »Lebe den Moment«, sagen die Buddhisten, und ich finde, sie haben recht.

Ich genieße jetzt den Moment am See und mein Buch, das ich um Mitternacht lese, bei natürlichem Sonnenlicht.

Die Vögel zwitschern auch um diese Zeit noch fröhlich, und ab und zu plätschert eine Wildente in meine Nähe. Wenn es ein Paradies gibt, dann ist es hier.

Apropos allein: Die beiden Schweizer Familien mit Kindern haben natürlich ebenfalls Seezugang und nutzen nun die Gelegenheit.

Man muss den Moment leben!

Ab und zu schmecken Schweizer Rösti besonders gut

Die Wohnung hat zwei Zimmer und liegt an einem Hang oberhalb meiner Heimatgemeinde Meilen, knapp zwanzig Kilometer von Zürich entfernt. Thomas, der Bruder von Sonjas Ehemann Dieter, führt dort in idyllischer Lage das traditionelle Gasthaus »Alpenblick«. Ich liebe es, da auf der Außenterrasse zu sitzen und das beste Rösti der Welt zu genießen, während Ursula von den Meringues nicht genug bekommen kann. Wir haben schon wunderbare Stunden dort verbracht.

Als mir Sonja die Wohnung zeigt, bin ich spontan begeistert. Denn eins weiß ich mittlerweile: Ich möchte nun wieder gern, zumindest zeitweise, in der Nähe meiner Familie sein. Meine Mutter lebt im Heim. Ich bin von hier in weniger als einer halben Stunde bei ihr. Andre wohnt fünf Minuten entfernt. Ursula ist für mich in Bern ebenfalls schnell zu erreichen. Und zu meinen drei anderen Geschwistern ist es gerade mal eine Stunde Autofahrt. 25 Jahre lang habe ich meine Familie und Freunde kaum gesehen. Ich habe einiges nachzuholen.

Mein Plan ist lang gereift, aber jetzt steht er. Ich möchte künftig pendeln. Die Winter bleibe ich im hohen Norden, bei meinen Gästen und geliebten Tieren, aber den Sommer möchte ich zumindest teilweise in der Schweiz bei meiner Familie sein. Es tut mir gut, wieder eine gewisse Zugehörigkeit zu spüren. Wir wandern gemeinsam, feiern, sind einfach zusammen.

Es ist ein neuer, ganz anderer Lebensabschnitt. Aber er ist jetzt der richtige.

Ich richte mir die Wohnung ganz neu ein, kaufe mir Möbel in Trödelläden und schaffe mir mit viel Fantasie ein herrliches Zuhause, in dem ich mich wohlfühle.

Es ist interessant, wie sich alles entwickelt hat. Ich bin ganz neue Wege gegangen, habe aber meine Vorlieben und Eigenarten behalten: Ich nähe für mein Leben gern und möchte damit jetzt wieder beginnen. Ich liebe schöne Einrichtungsaccessoires und kaufe sie mir einfach aufs Neue.

»Unsere Lotti hat nun 25 Jahre völlig anders gelebt, aber sie ist im Kern unsere Lotti geblieben«, hat Sonja kürzlich gesagt.

Gar nicht passend zu der kreativen Einrichtung schaffe ich mir hingegen ein stinknormales Auto an, einen herrlich komfortablen Kleinwagen für die Stadt, den mir Ursula mit sicherem Gespür besorgt hat.

Mein erster »Versuchsmonat« ist ein Volltreffer. Sonja organisiert eine riesige Willkommensparty, und wir haben in einem von ihr angemieteten Garten viel Spaß. Es wird gegrillt, gelacht, sogar getanzt. Hier erinnert mich vieles an Kippel, und es ist ein bisschen so, als hätte man die Zeit zurückgedreht.

»Gehst du mit mir spazieren?«, fragt Sonja am nächsten Morgen, als wir alle zusammen aufgeräumt haben.

Spazieren gehen? Einfach so in Gesellschaft? Das ist neu für mich.

»Ja, klar«, sage ich sofort zu. Ich bin so viele Jahre immer allein unterwegs gewesen. Es ist schön, zu zweit zu gehen, ganz spontan.

Wir laufen lange, viele Stunden. Ihr Hund, ein Magyar Vizsla, trabt fröhlich neben uns her. Was für ein Unterschied zu meinen Huskys. Sie sind so stark, so kräftig, so hart im Nehmen.

»Sag mal, du fährst ja schon bald wieder hoch nach Lappland, oder?«, sagt Sonja. »Freust du dich?«

»Und wie. Ich komme ja nach Hause. Sechs Wochen sind erst einmal genug«, lache ich.

»Und die Temperaturen? Hier ist es noch herbstlich mild. Magst du nicht warten? Bei euch liegt jetzt schon Schnee, und es gibt satte Minustemperaturen.«

Ach Sonja, sie ist immer so mitfühlend. Ich mag das an ihr.

Ich bleibe stehen und nehme sie fest in den Arm. So viele Jahre konnte ich niemanden spontan drücken. Ich habe viel aufzuholen.

»Du weißt doch, ich liebe die Kälte. Und ich habe Sehnsucht nach meinen Tieren.«

Sonja erwidert meine Umarmung, und so stehen wir da, mitten im Wald, und genießen, dass wir Schwestern uns endlich wiederhaben.

»Bereust du eigentlich, dass du damals weggegangen bist? Ich frage mich oft, wie dein Leben wohl gewesen wäre, wenn du in der Schweiz geblieben wärst?«, fragt Sonja mich, während wir eingehakt weitergehen.

Ich sehe sie an.

»Weißt du, ich bin nicht der Typ für Wenn und Wäre. Für mich zählt, was ist. Über alles andere nachzudenken, ist doch Zeitverschwendung.«

Aber Sonja lässt nicht locker. Sie denkt wohl, ich flunkere sie an, und lässt sich nicht so einfach abwimmeln.

»Ich meine das ernst. Hast du nie daran gedacht, die Zeit zurückzudrehen? Vielleicht hättest du eine riesengroße Karriere geschafft und würdest jetzt am Zürichsee in einem der schicken Apartmenthäuser leben.«

»Aber Sonja, so funktioniert das Leben doch nicht. Wir müssen uns immer entscheiden: Gehen oder bleiben, verändern oder weitermachen. Tag für Tag müssen wir irgendetwas entscheiden, irgendwo abbiegen. Da kann man nicht immer überlegen, wie die nächsten 25 Jahre aussehen könnten. Ich bin nach Schweden gegangen, weil ich es wollte und davon überzeugt war, das Richtige zu tun.«

»Und, wie siehst du es rückblickend?«, möchte Sonja jetzt wissen.

»Rückblickend bin ich dankbar für das Leben, das ich führen konnte. Es war nicht immer leicht, und ich hatte einen Partner, der mir vieles unendlich schwer gemacht hat. Aber es war auch mit ihm nicht alles verdammenswert. Es ist doch immer so, dass es nicht nur Schwarz und Weiß gibt, nicht nur Licht und Schatten. Es gibt immer auch Grautöne. So ist das Leben nun mal.«

Ich bleibe erneut stehen, sehe sie an.

»Sonja, ganz ehrlich: Ich hatte bis jetzt ein schönes Leben in einer wunderbaren Natur mit unvergesslichen Erlebnissen und Begegnungen. Ich habe wirklich allen Grund, dankbar zu sein!«

»Und bist du nicht manchmal traurig, dass es zeitweise so schwer war?«

»Ach was, ich denke nicht mehr an das Schlechte, dafür an das Gute. Ich habe fantastische Freunde gefunden und die treuesten Hunde der Welt. Das ist, was zählt. Das habe ich im Herzen, und das trägt mich durch die kommenden Jahre.«

»Du bist eine sehr starke Frau«, meint Sonja.

»Das stimmt wohl. Man wächst ja an Krisen. Dafür bin ich ein wirklich gutes Beispiel. Krisen haben für mich ihren Schrecken verloren. Heute löse ich mit Ruhe und Lässigkeit brenzlige Situationen, und den Satz ›Das kann ich nicht‹ habe ich aus meinem Wortschatz gestrichen. Geht nicht gibt's nicht.«

»Es ist schön, dich glücklich zu sehen. Ich erinnere mich noch an so viele Tränen in deinem Gesicht.«

»Ich nicht, meine Liebe. Diese Bilder sind weg. Ich habe sie von meiner Festplatte gelöscht. Ich sehe nur noch das Gute. Meine Tiere sind gesund und gut versorgt, ich bin gesund und zufrieden. Alles Weitere wird sich finden.«

»Als du gingst, warst du wie eine Prinzessin, so schick, so mondän und verwöhnt. Heute bist du geerdet, so ganz ohne Schnickschnack.«

Ich muss jetzt herzhaft lachen. »Der Vergleich ist süß. Ja, die Prinzessin hatte eine Krone mit vielen Steinen auf und war immer bemüht, sie auf dem Kopf zu behalten. Aber eine Krone mit Steinen hat ein großes Gewicht, man muss immer aufpassen, dass sie oben bleibt.«

Ich fasse mir jetzt spielerisch in meine Schüttelmähne.

»Sieh mal, ich habe nun nichts mehr als die blonden Haare. Meine Krone hat die Steine schnell verloren, ist danach verrutscht, und irgendwann habe ich sie verloren. Aber das fühlt sich herrlich an, so leicht, so unkompliziert und einfach. Ich muss nämlich auf nichts mehr aufpassen. Ich bin frei!

»Schneller, schneller«, rufe ich und spüre die Eiskristalle an meinen Wimpern. Es ist heute wieder einer dieser Traumtage in Lappland, die sich in Herz und Seele einbrennen. Der Himmel ist wolkenlos und die Luft so klar, als wäre sie gefiltert.

Seit einer Woche bin ich wieder auf der Lodge. Lies und Cäsar sind gut ohne mich zurechtgekommen. Sie sind wirklich ein super Team und haben alles im Griff. Die Anlage ist perfekt gepflegt, die Hunde sind in Topform, die Buchungen zahlreich. Ich überlege nun doch, Lies' Anregungen aufzunehmen und ein paar Zimmer anzubauen. Denn ich bin nicht mehr allein für alles verantwortlich, sondern kann mich auf hervorragende Mitarbeiter verlassen. Warum soll ich also die Chance nicht wahrnehmen und mich ein bisschen vergrößern? Aber noch sind das nur Gedanken. Vielleicht wird sie mir der Eiswind einfach wegblasen.

Heute ist Saisonauftakt. Ich bin mit den ersten Gästen der Saison unterwegs.

In den letzten Tagen in der Schweiz hat es mich sprichwörtlich in den Füßen gejuckt. Ich konnte es kaum abwarten, auf den Schlitten zu kommen.

Und jetzt bin ich auf einer ganz ungewöhnlichen Tour. Eine Woche lang absolvieren wir eine Hüttentour, und die, die so friedlich hinter mir her sausen, sind ganz besondere

Gäste: Denn die Apothekerin Karin, der Ingenieur Gerd, das Lehrerpaar Inga und Meinolf und die Vermögensberaterin Valerie feiern mit mir ein ganz spezielles Jubiläum. Sie sind zum zehnten Mal bei mir und auch zum zehnten Mal mit mir auf dem Schlitten.

Bei ihrer ersten Reise hier oben waren sie ein zufällig zusammengewürfeltes Grüppchen. Aber genauso wie es bei meiner ersten Reise nach Finnland in der Gruppe perfekt geklappt hat, gelang auch ihnen ein Volltreffer. Sie mochten sich vom ersten Moment an.

Ich machte damals mit ihnen die Tagestrips, und wir verbrachten miteinander eine wirklich gute Zeit. Sie haben viel gefragt, und ich habe viel erzählt. Sie kannten meine Geschichte und mochten mich, denn ein Jahr später konnte ich ihre Namen wieder in einer Buchung lesen. Ich habe mich damals total gefreut und eine andere Tour speziell für diese erfahrene Truppe ausgearbeitet. Damals haben wir in kleinen Hütten übernachtet, die Lagerfeuerromantik genossen und uns noch näher kennengelernt.

Die alljährliche Exkursion mit diesen fünf Teilnehmern ist danach zu einem festen Ritual geworden. Sie kommen immer ganz früh in der Saison, und dieses Mal sind sie sogar die Ersten.

Ohne ihre Buchung wäre ich vielleicht nicht so eilig aus meiner neuen ersten und jetzt zweiten Heimat losgedüst, sondern wäre vielleicht noch ein paar Tage länger mit Sonja und ihrem Hund durch das herrliche Schweizer Herbstlaub gestiefelt.

Aber jetzt bin ich hier und steuere mit dieser tollen Truppe unser erstes Quartier an. Wir werden zeitig ankommen, denn alles läuft wie am Schnürchen. Die fünf haben mittlerweile viel Erfahrung, und ich muss ihnen kaum noch etwas erklären. Sie kennen ihre Teams und beherrschen ihre Schlitten, und sie haben so viel Freude daran, dass die Begeisterung ansteckend ist.

Auch meiner Shanty ist die Freude anzumerken. Sie rennt so ruhig und konzentriert, als würde sie mir eine ganz besondere Freude machen wollen.

Jetzt überqueren wir den großen See, meine Lieblingstour. Gleich sind wir an der Stelle, an der ich gestürzt bin. Dieses Mal gleite ich entspannt weiter. Vielleicht lag mir damals ja auch gar kein Ast im Weg. Vielleicht hat mich die Sonne geblendet. Vielleicht gab es den Ast nur in meinem Kopf, und es war alles eine drollige Idee des Schicksals. Aber egal, »Was wäre, wenn« bringt ja nichts. Zumindest hat mir der damalige Vorfall einen neuen, anderen Weg gezeigt.

Häufig entpuppen sich holprige Situationen im Nachhinein als Wegweiser, und wir denken: Gut, dass es so gekommen ist.

Bei mir jedenfalls war es so.

Vor mir kann ich jetzt die Hütte sehen, in der wir übernachten werden. Ich freue mich auf einen entspannten Abend mit meinen fünf Freunden. Wir haben uns immer viel zu berichten.

Sie ist so ähnlich wie die finnische Hütte, in der ich die bis dahin romantischste Nacht meines Lebens verbrachte. Ich lag bei eisigen Minusgraden auf einem Rentierfell in den Armen meines vermeintlichen Traumprinzen, und am Himmel malten die Polarlichter ein einzigartiges Farbenspiel.

Nicht viele Frauen haben das Glück, so etwas zu erleben. Aber Glück kann man nicht halten. Und manches Mal ist es trügerisch und zieht einen Rattenschwanz an Katastrophen nach sich. Aber trotzdem hat man es in dem Moment gespürt – und muss dankbar dafür sein.

»Go«, rufe ich und zwinkere, um die Eiskristalle an meinen Wimpern loszuwerden. Die Sonne, die Luft, meine Hunde! Ich bin auch jetzt wieder glücklich, mehr als 25 Jahre später. Ach, sogar mehr als das: geradezu selig.

»Schneller, schneller«, rufe ich, und dann schreie ich meine Freude einfach heraus: »Das Leben ist schön!«

Der Schlitten schnurrt weiter wie auf Schienen über die endlos weite Schneedecke. Shanty legt sogar noch einen Zacken zu.

So gleichmäßig wie bei einem Uhrwerk fliegen ihre Pfoten und die der anderen Hunde über den Schnee und bringen mich an mein Ziel ...

Impressum

Lotti Meier mit Andrea Micus
Pfoten im Schnee
Mein tierisch gutes Leben in Lappland
ISBN: 978-3-95910-299-5

Eden Books
Ein Verlag der Edel Germany GmbH
Copyright © 2020 Edel Germany GmbH, Neumühlen 17, 22763 Hamburg
www.edenbooks.de | www.edel.com
1. Auflage 2020

Einige der Personen im Text sind aus Gründen des Persönlichkeitsschutzes
anonymisiert.

Projektkoordination: Juliane Noßack
Lektorat: Dr. Matthias Auer
Umschlaggestaltung: Johanna Höflich
Motive Cover und Umschlaginnenseiten: © Petra und Gerhard
Zwerger-Schoner
Motiv Umschlagrückseite: © privat
Autorinnenfoto: © Ante
Layout und Satz: Datagrafix GSP GmbH, Berlin | www.datagrafix.com
Druck und Bindung: GGP Media GmbH, Pößneck

Printed in Germany

Dieses Buch ist auch als E-Book erhältlich.

Um die kulturelle Vielfalt zu erhalten, gibt es in Deutschland und in
Österreich die gesetzliche Buchpreisbindung. Für Sie, liebe*r Leser*in,
bedeutet dies, dass Ihr verlagsneues Buch überall dasselbe kostet, egal, ob
Sie Ihre Bücher gern im Internet, in einer großen Buchfiliale oder der
kleinen Buchhandlung um die Ecke kaufen.